Hinweise zu den verwendeten Piktogrammen

- Erklärung eines Fachbegriffs
- Zitat
- Schon gehört?
- Tipps und Anregungen

Redaktion: Irmgard Theobald

Die Deutsche Bibliothek – CIP-Einheitsaufnahme
Scherer, Marianne:
Entspannung: Die Sehnsucht nach innerer Ruhe und Zufriedenhe
Marianne Scherer. – Mannheim; Leipzig; Wien; Zürich:
Meyers Lexikonverl., 1999
(Faszination von A bis Z)
ISBN 3-411-08361-1

Das Wort MEYER ist für den Verlag
Bibliographisches Institut & F. A. Brockhaus AG
als Marke geschützt.

Das Werk wurde in neuer Rechtschreibung verfasst.

Gestaltungskonzept: Peter Oehjne Design, Frankfurt am Main
Redaktion und Produktion: Thema Produktmarketing und
Werbung GmbH, München
Druck und Bindung: Franz Spiegel Buch GmbH, Ulm
Printed in Germany

Faszination von A bis Z

Entspannung

Die Sehnsucht nach innerer Ruhe und Zufriedenheit

Marianne Scherer

MEYERS LEXIKONVERLAG

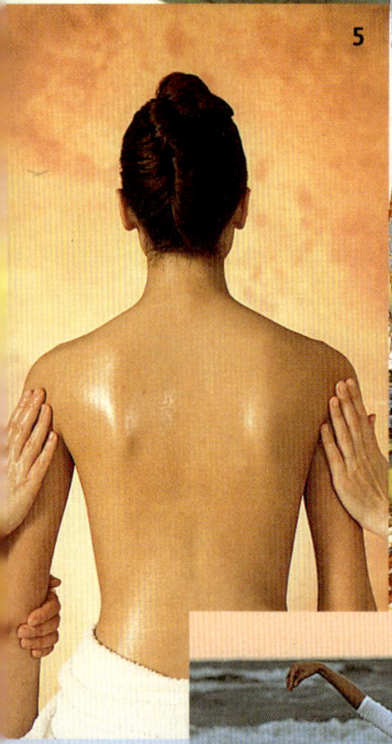

1 „Hochgefühle“ vermittelt eine Meditation in den Bergen.

2 Walken strafft die Muskulatur.

3 Das Leben genießen: Die Hängematte lädt dazu ein.

4 Mandala des Avalokiteshvara

5 Ayurvedische Synchronmassage

6 Tai-Chi-Übungen in der Morgendämmerung

7 Wassergymnastik macht Spaß und ist gesund!

Teil I

Entspannung als Lebens-elixier

Wir alle sehnen uns nach Entspannung und innerer Ruhe, nach Gesundheit und Wohlbefinden: um die Anforderungen des Alltags besser meistern zu können; für ein „Mehr“ an Lebensqualität, um wirklich auftanken zu können in unseren Mußestunden. Vielleicht sogar, um unserem Leben mehr Sinn zu geben.

Und doch sind die meisten von uns heute so sehr mit Äußerlichkeiten beschäftigt, dass sie dabei das Wichtigste – das harmonische Zusammenspiel von Körper, Geist und Seele – fast vergessen. Wir möchten Sie deshalb in diesem Buch auf eine Reise in die mannigfaltigsten Kulturkreise dieser Welt mit ihren unterschiedlichen Entspannungsmethoden und Meditationstechniken einladen. Gleichzeitig ist es auch eine Reise zu sich selbst – ein Weg, auf dem Sie, wenn Sie möchten, Ihrem Inneren ein Stück näher kommen und Körper, Geist und Seele miteinander in Einklang bringen können. Brechen Sie also gemeinsam mit uns auf zu unbekannten Ufern, getreu dem Motto: „Der Weg ist das Ziel.“

Geschichte der Entspannung

Meditationspraktiken und Entspannungstechniken sind keine Erfindungen der Neuzeit – sie sind so alt wie die Menschheit. Meditation ist Bestandteil der verschiedenen religiösen Traditionen in aller Welt. Entspannung oder Muße gehörte bei allen Völkern zur kulturellen Entwicklung. Allerdings hat sich insbesondere der Umgang mit der Muße – eine „Sonderform" der Entspannung – im Lauf der Jahrhunderte verändert.

Wir möchten Ihnen in diesem Buch eine Auswahl der zahlreichen Methoden zur Entspannung und der verschiedenen Formen der Meditation vorstellen, die sowohl die westliche als auch die östliche Tradition berücksichtigen. Nutzen Sie diese nicht nur als Informationsquelle, sondern auch als Möglichkeit, neue Aspekte in Ihr Leben zu integrieren und Räume zu betreten, die Ihnen bisher unbekannt waren.

Es gibt zwei Möglichkeiten, sich für eine Entspannungsmethode beziehungsweise Meditationstechnik zu entscheiden. Man kann sich entweder gründlich über die bestehenden Angebote informieren oder aber – sozusagen aus dem Bauch heraus – eine spontane Entscheidung treffen.

Muße als Lebensform

Die Antike gilt als das klassische Zeitalter der Muße, die allerdings den herrschenden Schichten vorbehalten war und bedeutende Künstler und Philosophen hervorbrachte – man denke etwa an Plato und seine Akademie. Beispiele für die bei den Römer voneinander getrennten Lebensbereiche spiegelten sich in deren Villen wider. Das „otium" war der Muße gewidmet; im „negotium" spielten sich die Dinge der Berufswelt ab. Diese beiden Bereiche waren in den so genannten „Ferienhäusern" der römischen Aristokratie voneinander getrennt. Die Architektur dieser Luxusvillen und der dazugehörigen Gartenanlagen verdeutlichte die strikte Einteilung in den Lebensbereich der Pflichten – der auch für die Öffentlichkeit zugänglich war – und in den der Erholung und des Genusses, der der Adelsschicht vorbehalten war. In diesen Villen, die die Römer mit griechischen Gemälden, Marmor- und Bronzestatuen sowie Kandelabern ausschmückten, konnten die Römer ihre luxuriöse Vorliebe für die griechische Kunst ausleben, ohne fürchten zu müssen, den Zorn der „plebs" – des einfachen Volks – auf sich zu ziehen.

Entspannung und Meditation sind miteinander verknüpft, sie bedingen sich gewissermaßen gegenseitig. Durch das Meditieren kommt der Geist zur Ruhe, was eine Entspannung des Körpers zur Folge hat. Umgekehrt bewirken körperliche Entspannungstechniken eine gelassenere geistige Haltung.

In der Antike wurde die Arbeit generell gering geschätzt, jedenfalls rühmte man sich nicht damit. Höher bewertet wurden beispielsweise die politische Betätigung oder das Engagement als Bürger in der Gemeinschaft. Um diese Pflichten sinnvoll erfüllen zu können, setzte man die Notwendigkeit der Muße

„Die Platonische Akademie", Mosaik aus einer Villa in der Umgebung von Pompeji, 1. Jh. n. Chr.

voraus. In Mußezeiten konnte man Gespräche führen, lesen, philosophieren – Aktivitäten, die einen weitaus höheren Stellenwert hatten als profanes Arbeiten des Lohnes wegen. Aristoteles ging sogar so weit zu sagen, dass jegliche Lohnarbeit dem Denken eine niedrige Richtung gebe. Handwerksberufe hielt er gar für unedel und „der Tugend zuwider".

Im Mittelalter lagen die Dinge dann anders. Hier beherrschte die nüchterne Forderung nach dem „ora et labora", dem Beten und Arbeiten den Alltag der Menschen. In dieser Epoche waren Mußestunden vorwiegend passiver Art und dienten dem Innehalten und der Erholung. In der Ordensregel des heiligen Benedikt etwa spielte neben der traditionellen „contemplatio" – der geistigen Versenkung – auch die „recreatio" im Sinn von Entspannung, wie wir sie heute verstehen, eine große Rolle. Die im Mittelalter zunächst nur in den Klöstern und in der adligen Welt gepflegte Muße fand erst ganz allmählich auch Einzug in die Welt der Handwerker und Bauern.

Der Mensch braucht Freiräume

Während für die alten Griechen die Muße die Erfüllung ihres Lebens war, hielt man das reine Nichtstun im Christentum für seelenfeindlich.

Im 16. Jahrhundert stand das Lob der Arbeit und des Berufs im Vordergrund, und für Muße, die sich ihrem Wesen nach schlecht mit Zwang und Zeitnot verträgt, blieb nur wenig Zeit. Doch im 17. Jahrhundert besann man sich wieder auf die Wichtigkeit der Mußestunden, indem man den Feierabend einführte, der als „Freisein von Arbeit" geschätzt und im Kreise von Familie und Freunden entsprechend gefeiert wurde.

Johann Wolfgang von Goethe (Dritter von links) bei einer Abendgesellschaft der Herzogin Anna Amalia von Sachsen-Weimar-Eisenach.
Aquarell von Georg Melch, um 1795

Im 18. Jahrhundert sang man eine Hymne auf die Industrie, und der unter harten Bedingungen arbeitenden Bevölkerung blieb kaum Zeit, sich in überflüssigem – weil im industriellen Sinn unproduktivem – Müßiggang zu ergehen.

„Unser Leben ist ein Geschäft, das damalige war ein Dasein.“ *Jacob Burckhardt*

Im 19. Jahrhundert, mit den extremen und harten Arbeitsbedingungen, der Sonntags- und Kinderarbeit, wurde vehement die Forderung nach mehr Freizeit laut, damit der Mensch wieder zu einem wahren Menschen werden und einigermaßen zu sich selbst finden könne.

Das Leben genießen

Im 20. Jahrhundert entwickelte sich schließlich die so genannte Freizeitgesellschaft, und damit bestand für eine breite Bevölkerungsschicht die Möglichkeit, sich dem Leben wieder in Muße zu widmen – das heißt, eigene Neigungen entdecken und diesen auch ungehindert nachgehen zu können. Ob dies nun bedeutet, ein Buch zu lesen, durch ein Museum zu schlendern und Kunst zu betrachten oder Musik zu genießen, ob man selbst schreibt, malt oder musiziert – ausschlaggebend ist, dass ein Freiraum vorhanden ist, der das ermöglicht. Während Muße sich dahin gehend definieren lässt, dass sie ihrem Wesen nach absichtslos ist und der Mensch in diesem Freiraum seine Neigungen entdecken und nach Belieben pflegen kann, lässt sich Entspannung dadurch charakterisieren, dass sie eine bestimmte Absicht verfolgt, also zielgerichtet ist. Entspannung bedeutet, dass eine real existierende Anspannung verringert oder ganz abgebaut wird, um Körper, Geist und Seele wieder in Einklang miteinander zu bringen.

Entspannung ist in

In unserer modernen Leistungsgesellschaft ist der Begriff „Stress" zu einem allerorten und in den verschiedensten Situationen zitierten Modewort geworden. Man ist nicht nur gestresst, wenn man zu viel Arbeit hat oder unter Zeitdruck steht, sondern auch dann, wenn man sein Leben ohne jegliche Herausforderungen fristet. Emotionaler Stress entsteht durch Schwierigkeiten in zwischenmenschlichen Beziehungen, durch Ängste oder unterdrückten Ärger. Die Liste der Stresssituationen ließe sich beliebig fortsetzen. Da der moderne Mensch nun einmal fast permanent tatsächlichem, mitunter aber auch nur eingebildetem beziehungsweise selbst erzeugtem Stress ausgesetzt ist, hat alles, was zur Entspannung beiträgt, einen hohen Stellenwert. Unsere Welt besteht, wie wir wissen, aus Gegensätzen: Himmel und Erde, Tag und Nacht, Yin und Yang, Spannung und Entspannung sind nur einige Beispiele dafür. Je größer die Anspannung ist, unter der ein Mensch oder auch eine Gruppe steht, desto größer ist auch das Bedürfnis nach Entspannung.

Wenn Sie sich über interessante Themen informieren und austauschen möchten, könnten Sie sich Gleichgesinnte suchen, indem Sie einen Arbeitszirkel oder einen Gesprächskreis ins Leben rufen. Das macht nicht nur Spaß – man findet dabei vielleicht auch gute Freunde.

Es ist also nur zu verständlich, dass heutzutage Entspannungstechniken – dazu werden auch ganzheitliche Heilmethoden wie etwa die Bach-Blütentherapie oder die Homöopathie gezählt – in den hoch industrialisierten westlichen Ländern „boomen“.

In dem Maße, in dem sich eine Gesellschaft ändert, ändert sich auch das Freizeitverhalten der Menschen. Wo mehr geistige Souveränität möglich ist, weil man nicht mehr vollständig von Arbeiten und Pflichten absorbiert wird, werden Möglichkeiten zur Selbstverwirklichung verstärkt wahrgenommen.

Die Qual der Wahl

Tatsächlich leben wir im Westen in einer Welt der Superlative. Zwar haben wir mehr Freizeit als je zuvor, doch stehen wir auch unter einem wesentlich größeren Leistungsdruck als früher. Dieser lässt sich bis zu einem gewissen Grad dadurch ausgleichen, dass wir unter einer stets größer werdenden Palette von entspannungsfördernden „Hilfsmitteln“ auswählen können. Sie entstammen sowohl der westlichen als auch der östlichen Tradition und helfen dem Menschen, ein lebenswerteres und stressfreieres Leben zu führen. Tai Chi und Aikido – ursprünglich asiatische Kampfkünste –, Shiatsu, Qigong und Do-In oder das im Westen entwickelte autogene

1 Shiatsu – diese ganzheitliche, wohltuende Heilmethode kommt aus China.

2 „Frauen-Aquapower“ – gemeinsam übt es sich leichter.

1 Paradiesisch schön und Balsam für Körper, Geist und Seele

2 In Ruhe Zeitung lesen – endlich einmal Zeit für sich selbst haben!

3 „Stretching“ beim Ballspiel am Strand

4 Relaxen bei einer Massage – danach fühlt man sich wie neugeboren.

2

3

Training können uns ebenso dabei helfen, das körperliche, seelische und geistige Gleichgewicht wiederzufinden, wie Fitnesstraining, Stretching, klassische westliche Massagen, Aura-Soma-Therapie, Joggen und Walken sowie moderne Aquapower in all ihren reizvollen Variationen.

Auch geistige Disziplinen wie die unterschiedlichsten Yogaformen – zu den traditionellen gehören Hatha-Yoga, Karma-Yoga, Raja-Yoga, Bhakti-Yoga und Inana-Yoga –, zahlreiche Praktiken der östlichen Meditation sowie Kontemplation oder Exerzitien in der Abgeschiedenheit eines christlichen Klosters fördern die Entspannung und bringen Körper, Geist und Seele in harmonischen Einklang.

Hippokrates & Co.

Es heißt oft, es gäbe nichts Neues unter der Sonne. Ein Blick in die Geschichte zeigt, dass in dieser Behauptung ein Körnchen Wahrheit steckt. Auch unsere Vorfahren, die offenbar ebenfalls schon „gestresst" waren – wenn auch aus ganz anderen Gründen als der moderne Mensch –, wussten bereits, wie sie sich wirkungsvoll entspannen und damit ihrer Gesundheit und Psyche gute Dienste erweisen konnten. Dies zeigt sich unter anderem am Umgang der alten Griechen mit wohlriechenden Essenzen.

Schon Hippokrates – der berühmteste Arzt der griechischen Antike – empfahl seinen Zeitgenossen, Duftöle in ihr Badewasser zu geben, um sich zu entspannen und dadurch ihre Gesundheit zu erhalten oder zu verbessern. Die heute weit verbreitete Aro-

1 Aromatherapie – die Schätze der Natur sind in den duftenden ätherischen Ölen enthalten.

2 Egal nach welcher Meditationsmethode Sie vorgehen: Konzentration, Gelassenheit und Ruhe sind Voraussetzung für jede Art von Meditation.

matherapie, die sowohl zu Wellness- als auch zu Therapiezwecken eingesetzt wird, ist eine Wiederaufnahme und Weiterentwicklung dieser antiken Heilmethode. Von der außergewöhnlichen Wirkung der Öle wusste auch der berühmte mittelalterliche Mediziner Theophrastus Bombastus (1493–1541) von Hohenheim – besser unter dem Namen Paracelsus bekannt –, der davon überzeugt war, dass äußerlich angewandte Öle im Inneren des Körpers auf geheimnisvolle Weise wirken. In Persien war die Kunst der Destillation – dies ist die am häufigsten angewandte Methode für das Gewinnen reiner ätherischer Öle – bereits um das 11. Jahrhundert bekannt. Der „Al Attar" – der Parfümhändler, der neben anderen Düften das kostbare und begehrte Rosenwasser (Attar) herstellte – war in jenen Tagen eine wichtige Persönlichkeit. Nach Europa, wo sie begeistert aufgenommen wurden, gelangten die ätherischen Öle dann zur Zeit der Kreuzzüge.

Wenn Sie Aromaöle in einer Duftlampe verdampfen lassen, geben Sie am besten acht Tropfen in ein mit Wasser gefülltes Schälchen. Achten Sie darauf, dass stets genügend Wasser in dem Schälchen ist, und lassen Sie die Duftlampe nicht unbeaufsichtigt stehen.

Moderne Entspannungstempel

Die hoch entwickelte Badekultur der Römer ist ein weiteres Beispiel dafür, wie wichtig schon damals für die Menschen körperliches und seelisches Wohlbefinden war. Sauna, Dampfbad, Wellnesszentren und Thermen sind die heutigen Pendants zu den ausgeklügelten Badeanlagen der Römer. Und wie schon vor 2000 Jahren sind auch die modernen „Entspannungstempel" nicht nur Orte, an denen man loslassen und sich erholen kann, sondern darüber hinaus auch Stätten der Geselligkeit. Denn dort, wo sich Gleichgesinnte treffen, entsteht rasch auch eine rege

„Die Stimme des Geistes ist im Gesang der Vögel zu hören, im Rauschen der Bäche und im süßen Atem der Blumen."
Zitkala-Sa, Dakota-Sioux

Kommunikation. Ob man in der Sauna ein Pläuschchen hält, sich im Sprudelbad über Alltägliches austauscht oder im Dampfbad zwischen Nebelschwaden hindurch dem Nachbarn ein Lächeln schenkt – Hauptsache, die Energie, die man im Osten „Qi" nennt, fließt. Das Wohlgefühl kommt dann wie von selbst. Wem es nicht nur um sein inneres Wohlbefinden, sondern auch um gutes Aussehen geht, der ist auf einer Schönheitsfarm gut aufgehoben. Während der Körper verwöhnt wird, kann man sich nicht nur physisch wunderbar entspannen, sondern auch die Seele baumeln lassen. Wer mit seinem Aussehen zufrieden ist, fühlt sich auch besser, das Leben macht mehr Spaß, und man hat mehr Erfolg.

Erholung in der Natur

Dass man sich in der Natur wunderbar entspannen kann, muss man eigentlich kaum noch erwähnen. So können sich bei einem Spaziergang Spannungen

Das berühmte Gellert-Bad in Budapest ist im Jugendstil gebaut.

1 Am Pool die Seele baumen lassen ...

2 Bürsten- und Rollmassagen bringen den Kreislauf in Schwung und halten die Haut elastisch.

erstaunlich schnell auflösen. Wer beim Gehen noch einige einfache Atemübungen durchführt oder eine Art „Mantra" spricht, kann einen ganz normalen Spaziergang in eine effektive Gehmeditation verwandeln, die Harmonie und inneren Frieden bringt. Eine Atemübung, die sich leicht durchführen lässt, besteht darin, beim Einatmen bis drei zu zählen, die Luft für die gleiche Zeit anzuhalten und dann wieder frei auszuatmen. Ein Mantra kann man sich selbst aussuchen. Bei einem Spaziergang in der Natur könnte es beispielsweise „Friede", „Stille" oder „Schönheit" lauten.

Auch wenn man nichts weiter macht, als die Schönheit der Natur auf sich wirken zu lassen, hat man damit viel für seine Entspannung getan. Wer dem Murmeln eines Bachs lauscht, wird automatisch ruhiger; wer dem Zwitschern von Vögeln zuhört, kann seine Traurigkeit vergessen; wer auf einen Berg steigt, lässt damit – symbolisch betrachtet – auch seine Alltagslasten hinter sich; wer durch Wälder und Wiesen streift und dabei die Kräfte der Natur auf sich wirken lässt, wird gelassener in seine Alltagswelt zurückkehren.

Meditation und Entspannung

Eine ganz andere Form der Entspannung stellt die Meditation dar, die im Geistigen ansetzt und sogar wissenschaftlich nachweisbare positive Auswirkungen auf den Körper hat.

Bis vor wenigen Jahrzehnten war der Begriff „Meditation" nur Insidern bekannt, doch dies hat sich inzwischen grundlegend geändert. Meditationspraktiken, die aus dem Buddhismus, der Zen-Tradition und verschiedenen indischen Yogasystemen stammen, haben seit den 70er-Jahren den westlichen Kulturkreis erobert und hier großen Anklang gefunden. Zwar werden auch in der christlichen Tradition Kontemplation und meditative Versenkung praktiziert, doch diese sind bei weitem nicht so populär wie die unterschiedlichen östlichen Meditationsformen. Wer sich allerdings heutzutage mit Meditation, insbesondere mit dem Zen-Buddhismus, beschäftigen und ihn praktizieren möchte, kann das inzwischen auch in einem christlichen Kloster tun. Denn im Lauf der letzten Jahre ist es zu einem fruchtbaren Austausch zwischen westlichen und östlichen Lehren gekommen.

„Wer auf den Zehen steht, steht nicht fest. Wer mit gespreizten Beinen geht, kommt nicht voran. Wer selber scheinen will, wird nicht erleuchtet."
Laotse

Ein Bild des Friedens und der Harmonie. In der freien Natur lässt es sich besonders gut meditieren, da der Geist hier schneller zur Ruhe kommt.

Die Anfänge der Meditation

Die buddhistische Meditationspraxis soll einem Sanskrit-Gedicht zufolge begonnen haben, als Prinz Siddharta – der spätere Buddha – Feldarbeiter beim Pflügen beobachtete und bemerkte, wie zahlreiche winzige Kreaturen dabei getötet wurden. Als der Prinz dies sah und auch die Erschöpfung der Pflügenden bemerkte, wurde er von großem Mitleid erfasst und setzte sich nieder. Sein Geist kam zur Ruhe, und Siddharta erreichte einen Zustand tiefer Meditation. Die Krönung dieses damals beschrittenen Wegs war die Erleuchtung Buddhas, die ihm später im Alter von 35 Jahren in der Nähe von Bodh Gaja in Indien zuteil wurde. Nach seiner Erleuchtung lehrte Buddha seine neu gewonnenen Erkenntnisse bis zu seinem Tod, der ihn im Alter von 80 Jahren um 480 v. Chr. ereilte.

„Glück ist allein der innere Friede. Lerne ihn finden. Du kannst es. Überwinde dich selbst, und du wirst die Welt überwinden.“
Gautama Buddha

Ausbreitung des Buddhismus

Nach Buddhas Tod verbreitete sich seine sanfte Lehre innerhalb der nächsten 1000 Jahre nicht nur in seinem Heimatland Indien, sondern auch auf Ceylon, in China, Südostasien, Tibet und Japan und führte dort zur Ausbildung eigener Formen. So entwickelten sich auf Ceylon der Therawada-Buddhismus, in China der Konfuzianismus und der Taoismus, in Japan bildete sich der Zen-Buddhismus aus und in Tibet unter anderen der Lamaismus. Die zwei vorherrschenden Richtungen, die sich in Indien entwickelten und miteinander rivalisierten, waren der Mahajana-Buddhismus – das „große Fahrzeug" –, dessen Lehre zufolge alle Wesen ins Nirwana gelangen, während beim Hinajana-Buddhismus – dem „kleinen Fahrzeug" – das Erlangen der persönlichen Erleuchtung im Vordergrund stand. Im 12. Jahrhundert kam es zu einem Niedergang der buddhistischen Lehre und der damit verbundenen Meditationspraxis. Im 15. Jahrhundert war er völlig aus Indien verschwunden und wurde vom Islam abgelöst. Erst im 20. Jahrhundert konnte sich der Buddhismus in Indien neben dem Hinduismus wieder etablieren – Bodh Gaja ist heute ein viel frequentiertes Pilgerzentrum, das auch von zahlreichen westlichen Touristen und Wahrheitssuchern besucht wird.

1 Mandalas, Klangschale und Räucherkegel werden bei der Meditation eingesetzt.

2 Dieser junge Mönch in der Bibliothek eines Tempels in Thailand ist vollkommen in seine Lektüre vertieft.

1 Die Versuchung des Buddha unter dem Feigenbaum durch Mara und die Heerscharen des Bösen. Relief aus dem 3. Jh. n. Chr.

2 Eine Stupa – Kulturdenkmal – in Nepal

Meditation im Westen

Als erster Europäer berichtete Marco Polo vom Buddhismus. Er war im 13. Jahrhundert am Hof Kublai Khans wundertätigen Mönchen begegnet. Erst in der Mitte des 19. Jahrhunderts tauchten in Paris und London Mahajana-Manuskripte auf, die das Interesse der Sprachwissenschaftler und Historiker am Buddhismus weckten. Auf diese Weise wurde diese Lehre auch in Europa bekannt – in der Folge entwickelten sich viele Europäer zu überzeugten Buddhisten. Darunter waren – um nur einige Namen zu nennen – der Konzertviolinist Anton Gueth und der Schriftsteller Gustav Meyrink. 1922 wurde in Berlin ein erstes Meditationszentrum eröffnet. Um 1940 wurden in Europa und auch Nordamerika weitere buddhistische Zentren gegründet – Buddhas Lehre hatte den Westen erobert!

„Bedenke, dass alles nur auf deiner Meinung beruht und diese in deiner Macht steht. Gib darum, wenn du willst, deine Meinung auf! Dann empfängt dich – gerade wie ein Mann, der das Kap umsegelt hat – auf einmal Meeresstille: Alles liegt ruhig da, und die Bucht ist wie ein Spiegel.“
Mark Aurel

Meditation und Selbsterkenntnis

Doch nicht nur im Buddhismus und Hinduismus, auch im Christentum, in der kabbalistischen Tradition, in der islamischen Mystik und im Schamanismus ist die Meditation ein Mittel der Selbst- und Gotteserkenntnis. Dass das Meditieren auch eine allgemeine Entspannung mit sich bringt, war stets zweitrangig und wurde als eine Art willkommene Begleiterscheinung betrachtet. Dieser Aspekt der Meditation ist erst in den letzten Jahren, seit die verschiedenen Entspannungstechniken die westliche Welt erobert haben, verstärkt in den Vordergrund getreten. Eine Meditation, die „nur“ der Entspannung dient, ist im Grunde zweckentfremdet. Die damit verbundene Entspannung sollte lediglich dazu dienen, den Geist zur Ruhe zu bringen, damit er sich höheren Dingen zuwenden kann.

Was ist Meditation?

Ein Mensch, der das Bedürfnis hat zu meditieren und dies auch tut, befindet sich „auf dem Weg“. Das heißt, er hat sich die Frage nach dem Sinn des Lebens gestellt und versucht diesen durch Innenschau zu ergründen. „Meditatio“ bedeutet „nachdenken, sinnend betrachten, sich versenken“ – und genau das geschieht während einer Meditation. Der Meditierende versucht, indem er allein oder mit Gleichgesinnten seine Aufmerksamkeit nach innen richtet, sowohl den äußeren als auch den inneren Aufruhr zu beschwichtigen und neue Dimensionen wahrzunehmen. Meditation bewirkt eine Harmonisierung des gesamten Menschen. Wer regelmäßig meditiert, wird automatisch gelassener und betrachtet die Dinge von einer höheren Warte aus.

Der berühmte Mystiker Meister Eckhart (etwa 1260–1327) hat diese Ausrichtung nach innen mit

Brunnen sind Symbole für die Quelle des Lebens. Das unaufhörlich fließende Wasser gilt als Leben spendend. Im Christentum ist der Brunnen auch ein Symbol für Maria.

einer Zwiebel verglichen, deren Schalen entfernt werden müssen, damit man in ihr Inneres vordringen kann. Genauso verhält es sich mit dem Menschen: Er ist von unendlich vielen Hüllen umgeben, die ihn von seinem wahren Wesen trennen. Diese Schalen oder Hüllen werden in der Meditation Schritt für Schritt entfernt. Der Meditierende kommt dabei seinem Inneren näher und stellt gleichzeitig eine Beziehung zur Welt des Göttlichen her. Dies ist das eigentliche Ziel jeder Meditation.

„Soll die Seele Gott erkennen, dann muss sie auch sich selber vergessen und sich selber verlieren, denn solange sie sich selber sieht und erkennt, so sieht und erkennt sie Gott nicht.“
Meister Eckhart

Welche Art von Meditation?

Es gibt zahlreiche Meditationspraktiken, die man aus Büchern oder von Meditationslehrern beziehungsweise von so genannten Gurus lernen kann. Eine relativ einfache Möglichkeit zu meditieren besteht darin, die Aufmerksamkeit auf etwas Bestimmtes zu richten – man spricht in diesem Fall von objektiver Meditation. Dies kann ein Gegenstand oder ein Mantra sein – ein Wort oder ein Satz –, dem eine besondere Melodik innewohnt und das oder den man im Geist wiederholt. Die Mantra-Meditation ist eine uralte indische Technik, die in der im Westen weit verbreiteten „transzendentalen Meditation" gelehrt wird und den speziellen Bedürfnissen westlicher Menschen angepasst wurde.

Man kann auch eine Kerzenflamme mit den Augen fixieren, sich in die kreisförmige Symbolik eines Mandala versenken oder meditativer Musik lauschen. Wer die Natur liebt, wird in ihr am ehesten Ruhe finden: Man kann am Wasser, unter einem Baum oder auf einem Berg meditieren. Die Technik und der Ort sind im Grunde untergeordnet – wichtig ist allein das Ergebnis. Fühlt man sich durch die praktizierte Meditationsform konzentrierter, entspannter und gelassener, hat sie ihren Zweck erfüllt.

1 In der Zen-Meditation spielt die Teezeremonie eine wichtige Rolle.

2 In einem Park in Den Haag befindet sich dieses Teehaus inmitten eines japanischen Gartens.

Fließende Meditation

Zu den traditionellen Meditationsformen rechnet man auch die ruhende und die fließende Meditation. Zur ruhenden Meditation gehören beispielsweise Hatha-Yoga, das klassische Vipassana – die so genannte „Einsichts"-Meditation –, aber auch das Tai Chi, das man als eine Art Bewegungsmeditation betrachten kann, die sehr langsam ausgeführt wird. Eine Sonderform der Meditation ist das Meditieren über ein Koan – ein paradoxes Rätsel, dessen versteckte Bedeutung von einem Zen-Schüler meditativ ergründet werden soll –, ein Prozess, der Jahre dauern kann!

Wenn man das Visualisieren in der richtigen Weise übt, kann es die Entwicklung eines Menschen sowohl auf geistiger als auch auf körperlicher Ebene erheblich beschleunigen. Visualisierungstechniken werden von manchen Psychologen und Medizinern erfolgreich zur Behandlung von Stresssymptomen eingesetzt.

Zur fließenden Meditation gehört die „Innere-Stimme-Meditation", die der christlichen Tradition entstammt. Auch hier sind Sammlung und Stille die Grundvoraussetzungen für das Gelingen der Meditation. Bei dieser Variante konzentriert man sich auf etwas Konkretes. Das Hören der inneren Stimme ist ein besonderer Pfad, bei dessen Betreten sich der Meditierende auf den von ihm gewählten Gegenstand oder auch auf einen Satz konzentriert und sodann alles geschehen lässt, was geschieht. Dieser Weg erfordert Geduld und Hingabe. Sein Endziel lässt sich mit den Worten Meister Eckharts beschreiben: „Das Gleiche, was da hört, ist dasselbe, was da gehört wird im ewigen Worte."

„Alles verwandelt sich, nichts stirbt. / In schöner Verwandlung / Wird die Hoffnung Genuss / Und das Verlorene Gewinn."
Johann Gottfried Herder

Die Kunst des Visualisierens

Diese Technik soll nicht nur die geistige Entwicklung beschleunigen; mit ihrer Hilfe kann auch – davon sind ihre Anhänger überzeugt – körperlicher und geistiger Stress hervorragend abgebaut werden. So lehrte zum Beispiel der spanische Ordensstifter Ignatius von Loyola bereits vor 500 Jahren seine Schüler, sich Szenen aus dem Leben Jesu zu vergegenwärtigen – diese also zu visualisieren. Anschließend sollten sie sich in diese Szenerie hinein versetzen, als anbetende Diener, die so der göttlichen Gnade teilhaftig werden.

Hilfreich bei Visualisierungsübungen sind geometrische Formen wie Dreiecke und Kreise. Sie lassen sich schnell, im wahrsten Sinne des Wortes, vor Augen führen und im Gedächtnis behalten; außerdem ist ihr Symbolgehalt leicht verständlich. So steht das nach oben gerichtete Dreieck für die Sehnsucht des menschlichen Geistes nach der Nähe des Göttlichen; die nach unten gerichtete Spitze symbolisiert das Herabkommen und sich

Das Yin-Yang-Zeichen stellt die beiden gegensätzlichen Kräfte dar, die im Kosmos existieren. Yin verkörpert das weibliche, erdhafte, Yang das männliche, geistige Prinzip.

1 Tai Chi – Studenten mit ihrem Lehrer beim Üben

2 Durch das Praktizieren von Yoga verändert sich der Bewusstseinszustand eines Menschen. Das Ziel aller Yoga-Arten ist letztendlich die Vereinigung mit Gott.

Eine gute Methode, um das Loslassen zu lernen, ist es, sich seine Lebensgeschichte bewusst zu machen. Hält man einen solchen Rückblick und stellt fest, wie viele Dinge man im Lauf des Lebens aufgeben musste, wird einem bewusst, dass dieses Stirb-und-Werde-Prinzip ein unveränderlicher Bestandteil des Lebens ist.

Einlassen des Göttlichen in die Welt des Menschen. Man kann auch von Involution und Evolution sprechen – dem empfangenden und dem aussendenden Prinzip. Der Kreis ist Symbol des Absoluten, das weder Anfang noch Ende kennt. Wer die Kunst des Visualisierens übt, versucht so lange wie möglich sein gewähltes inneres Bild zu fokussieren, ohne zu blinzeln; danach konzentriert er sich auf das Bild, das sich nun zwischen und genau über den Augen zeigt – auf das sogenannte „Dritte Auge“.

Loslassen lernen

Welche Formen der Meditation oder Entspannungstechniken beziehungsweise Heilmethoden Sie auch interessieren mögen – vergessen Sie dabei Erfolgsstreben, Leistung und Stress jeglicher Art! Vergegenwärtigen Sie sich das Bild einer Lotosblüte – sie gedeiht nur in ruhigen Gewässern! Versuchen Sie loszulassen – körperlich, seelisch und geistig. „Der Körper ist der Übersetzer der Seele ins Sichtbare“, sagte einst Christian Morgenstern und beschrieb damit vorzüglich die subtile Wechselwirkung zwischen Seele, Geist und Körper: Was man dem Körper Gutes tut, fördert auch das seelische Wohlbefinden und umgekehrt. Wie auch immer Sie zur Harmonie und Ausgeglichenheit gelangen möchten, handeln Sie nach dem Motto: „Es gibt (im Leben) nichts Gutes – außer man tut es ..." Dann werden Sie an diesem Buch sicherlich Ihre Freude haben.

1 Die Lotosblume ist ein Symbol der Erleuchtung.

2 Das Beobachten eines Sonnenuntergangs entspannt.

3 Wasser bringt das Qi zum Zirkulieren.

4 Wer frische Meeresluft atmet, kann kostbares „Prana" aufnehmen.

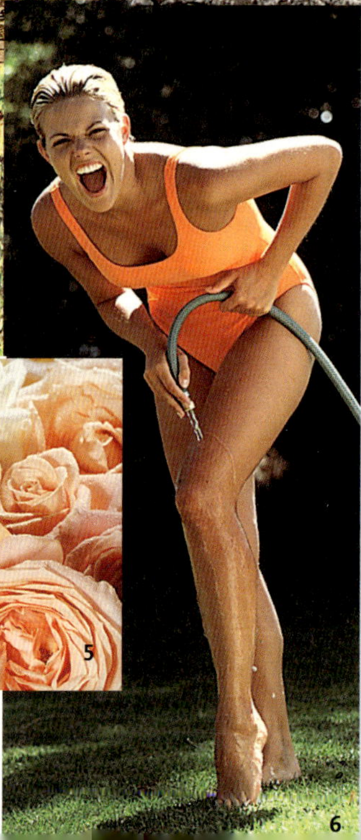

1 Stretching dehnt Wirbelsäule.

2 „Das Frauenbad" von Albrecht Dür 1496

3 Sitzender Buddha Gandhara aus der 2./3. Jh. n. Chr.

4 Gustave Caillebot malte 1884 den schlafenden Clau Monet.

5 Symbol der Liebe und geistigen Ent wicklung – die Ro

6 Kalte Wassergüss bringen den Kreis lauf in Schwung.

7 Zu zweit macht das Joggen doppe Spaß!

Teil II

Entspannung von A bis Z

Alexandertechnik – *Körperkoordination*

Die Alexandertechnik wurde zunächst in Australien und Neuseeland gelehrt. In den 30er-Jahren war sie in London ein Geheimtipp unter Schauspielern und Musikern. Auch der Schriftsteller George Bernard Shaw gehörte zu Alexanders Patienten. Shaw litt an Angina pectoris und hatte ein schmerzendes Hohlkreuz.

Wenn Sie etwas für Ihr Aussehen tun möchten, können Sie den letzten der vier Befehle üben, der auf Gesichtsentspannung abzielt. Singen Sie den Vokal „I" so, dass dabei beide Zahnreihen sichtbar werden. Dadurch werden die Gesichtsmuskeln in die Länge und Weite gezogen. Dieser Befehl ist auch ein seelischer „Stimmungsaufheller".

Den Alptraum eines jeden Schauspielers erlebte der Australier Frederick Matthias Alexander (1869–1955): Eines Tages stand er auf der Bühne – und brachte keinen Ton heraus. Da die Ärzte ihm nicht helfen konnten, beschäftigte sich der Mime fortan intensiv mit seinem Problem. Damit änderte er nicht nur sein Leben von Grund auf, sondern brachte auch eine neue Heilmethode hervor, die später vielen Menschen helfen sollte.

Etwa 900 Jahre früher machte Abu al Ghasali, ein Gelehrter aus Bagdad, eine ähnliche Erfahrung wie Alexander, als er eine Vorlesung halten wollte. Auch bei ihm war dieses traumatische Erlebnis ein Wendepunkt seines Lebens. Der Professor begab sich auf die spirituelle Suche in die Wüste und wurde im Laufe der Jahre zu einem berühmten Mystiker des Mittelalters.

Alexander ging bei seiner Innenschau eher weltlich vor und beobachtete sich im Spiegel. Dabei fiel ihm auf, dass er beim Deklamieren den Kopf in den Nacken warf, die Kehle lang zog, die Schultern zurücknahm und die Brust vorstreckte – das Todesurteil für seine Stimme, wie er herausfand. Denn nachdem er seine Körperhaltung korrigiert hatte, war er von jeglicher Heiserkeit kuriert, und seine Stimme versagte nie wieder. Von diesem Zeitpunkt an entwickelte sich der Schauspieler, der später in England lebte, zu einem Heiler und half vielen Menschen, die durch falsche Körperhaltung oder Bewegungen einen Verlust an Lebensqualität erfuhren.

Die Alexandertechnik setzt bei der Körperkoordination an. Grundvoraussetzung für einen gesun-

1 Die Dehnung der Wirbelsäule ist eine Grundübung in der Alexander-Technik.

2 Ist der Rücken gerade, wird es auch der ganze Mensch. Die einzelnen Übungen werden langsam und in Ruhe ausgeführt.

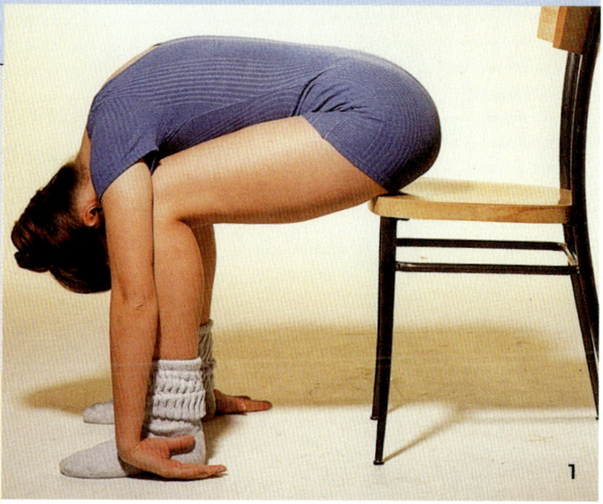

den Menschen ist eine aufrechte Körperhaltung, bei der die Wirbelsäule entlastet wird.

Alexanders komplexe Lehre, die davon ausgeht, dass der Mensch seinen Körper unwissentlich missbraucht, lässt sich am einfachsten mit den so genannten vier Befehlen charakterisieren. Sie enthalten seine wesentlichen Erkenntnisse und lauten: 1. Rücken lang! 2. Schultern breit! 3. Kopf frei schwebend, waagrecht geradeaus! 4. Gesicht entspannen! Diese vier Forderungen werden in zahlreichen praktischen Übungen trainiert. Dabei spielt auch die Formel: „Halt! – Wodurch?“ eine große Rolle. Alexander wandte sie an, um falschen Gewohnheiten auf die Schliche zu kommen und sie zu korrigieren.

„Sich ändern bedeutet, eine Tätigkeit gegen die lebenslangen Gewohnheiten auszuführen.“
Frederick Matthias Alexander

Die Alexander-Methode ist eine Bewusstseinsarbeit, die sich durch den Körper vollzieht. Wer sich damit beschäftigt, wie er sitzt, geht und steht, verändert die Wahrnehmung von sich selbst – der erste Schritt zur Heilung. Regelmäßige Übungen sollen die Gesundheit fördern und für ein völlig neues Lebensgefühl sorgen.

1

Aromatherapie – *in Düften schwelgen*

Von der berühmten ägyptischen Königin Kleopatra, deren Schönheit Legende ist, wird berichtet, dass sie Unsummen für Salben ausgab, mit denen sie ihre Hände glättete und parfümierte.

Ein Hauch Vanille macht glücklich, eine Prise Lavendel beruhigt, eine Wolke Jasmin erotisiert – Düfte können unsere Stimmung in Sekundenschnelle verändern. Schon der Gedanke an einen vertrauten Geruch kann unser Wohlbefinden enorm steigern – oder schmälern.

Schon seit Jahrtausenden verwendet die Menschheit wohlriechende Essenzen aus Pflanzen. In China wurden sie bereits Jahrhunderte vor Christi Geburt hergestellt. Bei der Niederkunft reicher chinesischer Frauen etwa verbrannte man das Holz des Artemesia-Baums, um den Geburtsvorgang zu erleichtern. Auch von den Ägyptern ist bekannt, dass sie ihren Göttern duftende Essenzen als Opfergaben darbrachten. In Griechenland benutzte man ···> **ätherische Öle** als Parfüm – Hippokrates dagegen empfahl, täglich ein aromatisiertes Bad zu nehmen, um gesund zu bleiben. Die alten Römer ließen sich mit duftenden Ölen massieren. Nero verbrannte bei der Beerdigung seiner Frau so viel Weihrauch, wie in ganz Arabien im Lauf von zehn Jahren produziert worden war. Unter Einfluss des Christentums geriet die sinnenfreudige Aromakultur jedoch allmählich in Vergessenheit.

···> **Ätherische Öle** werden aus Pflanzen gewonnen. Neben den Blättern werden auch Zweige, Stängel und sogar Wurzeln verarbeitet. Sie unterscheiden sich von anderen Ölen dadurch, dass sie keine Fettspuren hinterlassen. Sie verflüchtigen sich sehr schnell und sind in der Regel leichter als Wasser.

Im Orient entdeckte der berühmte arabische Arzt und Philosoph Avicenna (980–1037) die Destillation. Im „Kanon der Medizin“ beschrieb er, wie man mit diesem Verfahren aus Kräutern und Blüten flüchtige Essenzen gewinnen kann. Mit den Kreuzfahrern gelangten die arabischen Wohlgerüche nach Italien, Frankreich und England, wo man fortan in köstlichen Düften schwelgte – sofern man es sich leisten konnte.

Die „Aromatherapie“ als Behandlungsmethode körperlicher und seelischer Beschwerden wurde erst Anfang dieses Jahrhunderts entwickelt. Als der französische Chemiker René-Maurice Gattefossé sich bei einem Experiment die Hand verbrannte, tauchte er sie geistesgegenwärtig in einen mit Lavendelöl gefüllten Krug. Die Wunde verheilte überraschend schnell, und Gattefossé begann daraufhin, die Heilkraft ätherischer Öle zu erforschen. Seine Arbeit wurde später von dem Militärchirurgen Jean Valnet fortgesetzt, der während des Zweiten Weltkrieges Kriegsverletzungen mit ätherischen Ölen heilte. Auch die aus Österreich stammende Marguerite Maury machte sich um die Aromatheraphie verdient, die sie vor allen Dingen für kosmetische Zwecke einsetzte.

Heute boomt die Therapie mit Aromen mehr denn je. Für eine spezielle Entspannungstherapie eignen sich – einzeln oder gemischt – folgende Öle: Lavendel, Muskatellersalbei, Neroli, Patschuli, Petitgrain, Rose, Sandelholz, Ylang-Ylang und Zypresse.

Verwenden Sie stets nur 100% reine ätherische Öle, da synthetische Öle bei weitem nicht die gleiche Wirkung haben.

1 Das Mischen von Ölen und Essenzen ist eine Kunst.

2 Der arabische Arzt Avicenna war eine Koryphäe auf dem Gebiet der Kräuterkunde.

3 Die Qualität von Blütenessenzen wird durch das Klima und durch die Verarbeitung bestimmt.

Atmen *heißt Leben*

···› **Pneuma**
Dieser Begriff stammt aus dem Griechischen und bedeutet Wind, Luft, Atem, Geist. Die Griechen verbanden den Atem mit dem Bewusstsein.

Der indische Weise Swami Advaitananda charakterisierte das Wesen des Atems so: „Dein Atem ist dein vertrauenswürdiger Freund. Wenn er endet, endest auch du. Konzentriere dich also auf die Bewegung des Atems, und du wirst Frieden finden."

Wenn wir nicht mehr atmen, sind wir tot! Angesichts dieser Tatsache ist es erstaunlich, wie wenig Aufmerksamkeit wir normalerweise unserer Atmung schenken. Es sei denn, wir geraten durch körperliche Anstrengung außer Atem, oder es verschlägt uns nach einem eindrucksvollen Erlebnis buchstäblich den Atem. Doch die Macht des Atems zu kennen kann ein wahres Zauberelixier sein, das unser Leben unter Umständen verändert.

Bereits die alten Griechen haben das richtige Atmen als einen Weg der Bewusstwerdung erkannt. Unter dem Begriff ···› **Pneuma** verstanden sie sowohl den Atem als auch den Geist Gottes. In der indischen Yogatradition werden seit Jahrtausenden spezielle

1 Mit gesunder Meeresluft atmet man „Prana" pur ein.

2 Beim Atmen mit erhobenen Armen weitet sich der Brustkorb – man atmet automatisch tiefer ein.

3 Konzentriertes und bewusstes Atmen heilt Körper, Geist und Seele.

„Sitze ganz still, atme sanft, lange Atemzüge herausgebend, die Kraft in den Unterbauch!“
Karlfried Graf Dürckheim

Atemübungen – die ···> **Pranayama** – gelehrt, durch die der Geist zur Ruhe kommt und der Körper belebt wird. Auch im Taoismus und Buddhismus versuchte man mithilfe von Atemtechnik den Geist mit dem Unendlichen zu vereinigen.

Zu Beginn des 20. Jahrhunderts kam auch in Europa ein zunehmendes Interesse an der Atmung auf. Pioniere wie Francois Delsarte, Wilhelm Reich und Karlfried Graf Dürckheim setzten die Steuerung des Atems zu therapeutischen Zwecken ein. Damit war die moderne Atemtherapie geboren, die sowohl der Heilung von Krankheiten dient als auch eine tiefe physische Entspannung zum Ziel hat.

Gähnen, Seufzen und Dehnen sind natürliche Formen der Tiefenatmung. Nutzen Sie diese Möglichkeiten!

Der Mensch atmet durchschnittlich 18-mal pro Minute, das sind 1080-mal pro Stunde und 25920-mal pro Tag! Es leuchtet also ein, dass einer bewussten Arbeit mit dem Atem ein enormes Potenzial innewohnt. Anhand einer kurzen Übung können Sie die Wirksamkeit selbst ausprobieren:

Atmen Sie langsam und weich aus und entspannen Sie dabei Schultern, Arme, Hände, Bauch, Rücken, Beine und Füße. Ignorieren Sie dabei so weit wie möglich Ihre Gedanken, fühlen Sie stattdessen in Ihren Körper hinein. Versuchen Sie, bei jedem weiteren Ausatmen in eine tiefere Schicht zu gelangen. Beim Einatmen sollten Sie bewusst eine leichte Spannung in den Muskeln aufbauen. Durch diesen Wechsel von Expansion und Kontraktion verlagert sich Ihre Atmung allmählich in den Bauch, was nicht nur ein wohliges, entspanntes Gefühl erzeugt, sondern auch sämtliche Zellen besser mit Sauerstoff versorgt.

···> **Pranayama**
„Prana“ heißt Atem, „yama“ kontrollieren: Durch bewusstes Atmen nimmt man mehr Prana – Lebensenergie – auf.

1

Aura-Soma – *ein Meer von Farben*

Hätte sich Vicky Wall nicht eines Nachts ganz spontan ihrer Eingebung überlassen, wäre die Welt um eine Heilmethode ärmer. In ihrem Buch „Aura-Soma – Das Wunder der Farbheilung und die Geschichte eines Lebens“ beschreibt die englische Apothekerin – die Begründerin der Aura-Soma-Therapie –, wie eines Nachts, nach einer Meditation, die farbenprächtigen Aura-Soma-Öle „geboren“ wurden.

„Aura“ – das Wort kommt aus dem Griechischen und bedeutet „Kraft“ beziehungsweise „Hauch“ – bezieht sich auf das elektromagnetische Feld, das jeden Menschen umgibt. „Soma“ ist ebenfalls ein griechischer Begriff und steht für „Körper“. Die Aura-Soma-Therapie setzt im Körperlichen an, ihre Wirkung reicht jedoch bis in die subtilen unsichtbaren Bereiche des Energiesystems. Die 96 Aura-Soma-Öle bestehen aus Pflanzenfarben, pflanzlichen und ätherischen Ölen, Pflanzenessenzen, Edelsteinenergien und Wasser. Außer den Balance-Ölen, die direkt auf die Haut aufgetragen werden, gibt es noch die ···› **Pomander** und ···› **Quintessenzen.** Diese beiden Substanzen werden mit den Händen in die Aura „eingefächelt“, um die feinstofflichen Energien zu harmonisieren. Einem breiten Publikum wurden die Balance-Öle erstmals 1984 auf der Messe „Body, Mind and Spirit“ in London vorgestellt. Von dort aus traten sie ihren Siegeszug in die Welt an.

Eine Aura-Soma-Beratung erfolgt nach einem festgelegten Schema. Der Klient wählt spontan aus den 96 Balance-Ölen die vier aus, zu denen er sich am meisten hingezogen fühlt. Diese Auswahl wird von der Seele getroffen, und es geht nun darum,

···› **Pomander**
Die duftenden Pomander sollen auf die elektromagnetischen Felder einwirken, die sich nahe am Körper befinden.

···› **Quintessenzen**
Die Quintessenzen durchdringen, so Vicky Wall, die feinstofflichen Bereiche, die weiter vom Körper entfernt sind.

„Wir sind die Farben, die wir wählen.“
Vicky Wall

deren Sprache zu interpretieren. Vicky Wall zufolge zeigt die erste Flasche das Potenzial eines Menschen, seine Bestimmung in diesem Leben. Die zweite gibt Hinweise auf den Entwicklungsprozess und die Probleme, die dabei überwunden werden müssen. Die dritte Flasche zeigt den aktuellen Zustand hinsichtlich des Seelenpotenzials. Die vierte schließlich steht für die Energien der Zukunft.

Für den therapeutischen Erfolg ist die zweite Balance-Flasche die wichtigste. Man muss seine inneren Blockaden kennen, um erfolgreich daran arbeiten zu können. Bevor das Öl auf den Körper aufgetragen wird, schüttelt der Klient die Flasche mit der linken Hand, da erst dadurch die Energieübertragung zustande kommt, die die Selbstheilungskräfte anregt. Das Öl wird gürtelförmig auf den ihm zugeordneten Körperteil aufgetragen. Aura-Soma-Therapeuten empfehlen, während der Behandlung ein Tagebuch zu führen, damit die inneren Vorgänge im Äußeren sichtbar werden können.

Durch das Auftragen der Balance-Öle auf bestimmte Körperbereiche kann man die Chakras – die Energiezentren in unserem Rückgrat – harmonisieren. Das wirkt sich positiv auf das gesamte Wohlbefinden aus.

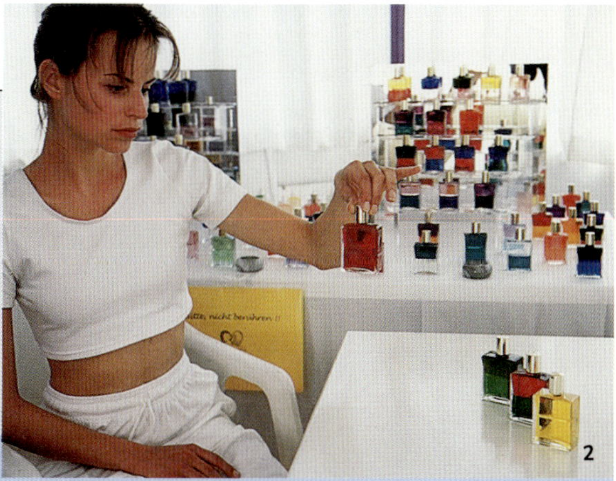

1 Die leuchtenden Farben der Balance-Flaschen üben eine magnetische Anziehungskraft aus.

2 Bei der Aura-Soma-Beratung sollte man sich viel Zeit lassen und tief nach innen spüren. Die Sprache der Seele ist leise!

Autogenes Training

Kann man allein durch Gedankenkraft physisch-psychische Veränderungen auslösen? Als der Berliner Nervenarzt Prof. Dr. Johannes H. Schultz, der sich lange mit Hypnose beschäftigt hatte, vor über 60 Jahren das autogene Training entwickelte, konnte das zunächst niemand glauben. Doch inzwischen gilt als wissenschaftlich erwiesen, dass autosuggestive Formeln wie „Ich konzentriere mich auf mich selbst", oder „Meine Arme werden schwer", tatsächlich wirken und zu nachhaltigen körperlichen, geistigen und seelischen Veränderungen führen.

Prof. Dr. Johannes H. Schultz definierte das autogene Training folgendermaßen: „Ein vom Selbst (autos) sich entwickelndes (gen = werden) und ein Selbst gestaltendes Üben (Training) soll der Name kennzeichnen."

Wer unter Stress leidet – was sich auf körperlicher Ebene häufig in versteifter Muskulatur und auf seelischer in Depressionen ausdrückt –, kann mit autogenem Training wirksam gegensteuern. Wer die eigenen Kräfte ökonomischer einsetzt, kräftigt das Immun- und Abwehrsystem und steigert seine Lebenskraft. Darüber hinaus wird durch Affirmationen und Autosuggestionen die Fantasie angeregt.

1 Die „Kutscherhaltung" – eine Grundübung im autogenen Training

2 Entspannt im Hier und Jetzt – durch autogenes Training kann man sein persönliches Stressmuster erkennen und bewältigen.

⇢ **Stressmuster**
Menschen reagieren unterschiedlich auf Stress. Deshalb ist es wichtig, seinen eigenen Typ zu erkennen.

Durch die Konzentration auf sich selbst erkennt der Mensch sein spezielles ⇢ **Stressmuster** und bekommt dadurch Situationen, die ihn unter Druck setzen, besser in den Griff. Die Übungen sollte man regelmäßig machen, da der Körper das Gelernte speichert und die gewonnenen Erfahrungen immer schneller abrufen kann.

Eine der bekanntesten Übungen im autogenen Training ist die so genannte Kutscherhaltung. Professor Schultz war im Berlin der 20er- und 30er- Jahre die lässig-entspannte Körperhaltung der Droschkenkutscher aufgefallen, wenn sie auf ihren Böcken vor sich hindösten. Schultz zufolge führte diese Haltung zu einem „gelösten geistig-seelischen Zustand". Die Droschkenkutscher-Übung kann man nahezu an jedem Ort machen. Man richtet sich sitzend auf, streckt die Wirbelsäule und sackt dann in sich zusammen. Die Augen sind geschlossen, die Hände liegen locker auf den Knien.

Generell vollzieht sich das autogene Training in mehreren Schritten. Der „Einstimmung", die eine aufmerksame Hinwendung zum Selbst erfordert, folgt die „Ruhetönung", deren Formel „Ich bin ganz ruhig" lautet. Dann werden spezielle Formeln zur Schwere und Wärme ausgesprochen. Anschließend sind die so genannten „Organübungen" an der Reihe. Wichtig sind auch die Atemübungen, die den Atem normalisieren, der bei Stress immer unruhig und beschleunigt ist. Das Sonnengeflecht, das Nervengeflecht des sympathischen Nervensystems, das die Bauchorgane versorgt, wird danach beruhigt. Die letzte Organübung ist die Stirnkühlung.

Eine Suggestionsformel könnte folgendermaßen lauten:
„Ich bin ganz ruhig.
Der Atem ist ganz gleichmäßig.
Es atmet mich.
Ich bin ganz ruhig und entspannt."

Ayurveda – *ein Geschenk der Götter*

Der Legende nach kam die indische Gesundheitslehre Ayurveda durch Götter auf die Erde. Da sie das Leid der Menschen nicht länger mit ansehen konnten, setzten sie sich in ihre speziellen Flugapparate, die Vimanas, und suchten den Weisen Atreya auf, um ihm diese Wissenschaft der Medizin zu vermitteln. Der Gelehrte verfasste eine detaillierte medizinische Abhandlung über das Wissen vom richtigen Leben, die er später an seine Schüler weitergab.

Ayurveda ist eine holistische Medizin. Sie betrachtet den Menschen als Ganzes und versucht die Harmonie zwischen allen Bereichen des Lebens wieder herzustellen. Ayurveda setzt sich aus den beiden Sanskritwörtern „Ayus" = Leben und „Veda" = Wissen zusammen. In Indien seit 5000 Jahren praktiziert, hat sich diese Gesundheitslehre den Westen erst in den letzten Jahren erobert. Wer allerdings das klassische Ayurveda pur erleben möchte, fährt am besten nach Indien oder Sri Lanka und unterzieht sich dort einer Panchakarma-Kur. Dabei werden Stoffwechselschlacken und Toxine aus dem Organismus geschleust. Die Behandlung dient vor allem der Vorbeugung von Erkrankungen. Gleichzeitig ist sie aber auch eine ideale Entspannungs- und Schönheitskur.

Vor Beginn einer Therapie wird per Pulsdiagnose der allgemeine Gesundheitszustand ermittelt. Der nächste Schritt besteht darin, den ⇢ **Biotyp** festzustellen. In der ayurvedischen Medizin unterscheidet man zwischen dem Vata- (Luft), Kapha- (Wasser) und Pitta-Typus (Feuer). Diese Begriffe – auch Doshas genannt – stellen die Grundprinzipien der ayurvedischen Lehre dar. Sind Vata, Pitta und Kapha

> Wenn Sie sich etwas Gutes tun wollen, sollten Sie sich eine ayurvedische Massage mit erlesenen Ölen gönnen! Sie werden sich dabei wie im siebten Himmel fühlen. Die Ayurveda-Klinik in Kassel etwa ist – neben vielen anderen in Deutschland – ein Ort für kompetente Behandlungen.

⇢ **Biotyp**
Unter dem Biotyp versteht man den Konstitutionstypus eines Menschen. Reine Vata-, Pitta- und Kapha-Typen kommen eher selten vor. Die meisten Menschen sind Mischtypen.

1 Bei einem Stirnguss könnte man die Welt um sich vergessen, so beruhigend ist das gleichmäßige Fließen des Öls auf das „dritte Auge“.

2 Synchronmassagen – man wird dabei von vier Händen gleichzeitig massiert – ermöglichen vollkommene Entspannung.

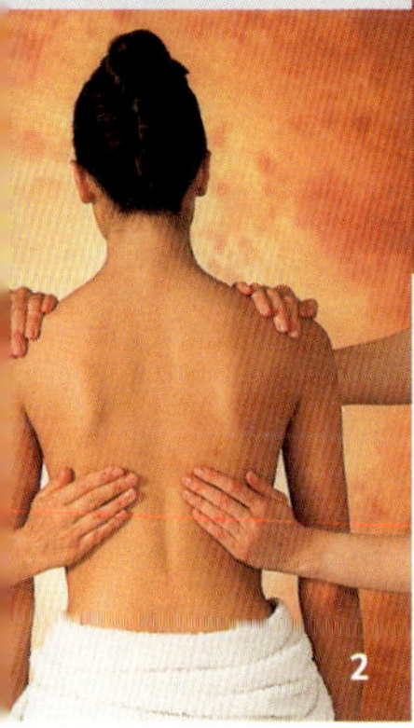

im Gleichgewicht, ist der Mensch gesund. Da dies jedoch meistens nicht der Fall ist, zielt jede Ayurveda-Behandlung darauf ab, die drei Doshas richtig auszubalancieren.

Zum Kernprogramm einer Behandlung gehören Ganzkörper-Ölmassagen, Kräuterdampfbäder und eine dem jeweiligen Typ entsprechende Diät sowie Augen-, Nasen- und Ohrenbehandlungen mit speziell zubereiteten ayurvedischen Ölen. Ein Klassiker unter den Anwendungen ist Shirodhara – der Königsguss auf die Stirn. Er beruhigt die Nerven, lindert Migränebeschwerden und beseitigt Schlafstörungen. Yoga- und Meditationsübungen runden das Ganze ab.

Eine Ayurveda-Behandlung regt zugleich die Sinne und den Geist an. Besonders wohltuend ist eine Massage, bei der man vierhändig massiert wird. Wer seinen Körper den sanften Streichbewegungen mit duftenden angewärmten Kräuterölen überlässt, gleitet in einen Zustand tiefster Entspannung, bei dem das Gefühl für Zeit und Raum verloren geht.

Es gibt viele unterschiedliche Methoden der ayurvedischen Heilmittelzubereitung. Man verwendet pflanzliche, tierische und mineralische Substanzen, die nach ihren energetischen Eigenschaften eingeteilt werden. In der ayurvedischen Küche spielen Gewürze eine zentrale Rolle.

Bach-Blüten – *Heilung durch die Seele*

1

„Die Wirkung dieser Arzneien besteht darin, dass sie unsere Schwingungen anheben und die Gefäße für die Aufnahme unseres geistigen Selbst öffnen, dass sie unser Wesen mit der bestimmten Tugend erfüllen, derer wir bedürfen, und den Fehler hinauswaschen, der Schaden und Leid verursacht."

So beschreibt Edward Bach (1886–1936) seine Therapie. Der britische Immunologe und Homöopath spürte 1928 in Wales, Südwestengland durch seine Intuition zwei Pflanzen auf, deren Blütenessenzen heilend auf die Seele einwirken sollen. Sieben Jahre danach hatte Bach 35 weitere Pflanzen sowie die Heilkraft des Quellwassers erforscht.

Die Bach-Blütentherapie wirkt, so Edward Bach, im feinstofflichen Bereich und somit auf einer subtilen energetischen Ebene. Bach ging davon aus, dass sich das „Höhere Selbst" – eine übergeordnete Substanz, die das Seelenpotenzial eines Menschen kennt – über die Persönlichkeit des Menschen verwirklichen möchte, dieser Prozess jedoch durch Blockaden behindert wird. Durch die Blütenessenzen wird der Kontakt zum „Höheren Selbst" hergestellt. Die Kirlian-Fotografie soll die Wirkung der Blütenessenzen sichtbar machen. Ist die Harmonie von Körper, Geist und Seele durch chronische Überlastung, Angst oder Sorgen gestört, wehrt sich der Organismus in Form von Krankheiten. Hier sollen die entsprechenden Bach-Blüten Energieblockaden auflösen und disharmonische Seelenzustände harmonisieren. Unter Umständen kann so eine Krankheit bereits in der → **Aura** geheilt werden, bevor sie sich im Körper manifestiert. Edward Bach hat seine insgesamt 38 Blütenessenzen

Bach-Blüten kann man beliebig mischen. In der Regel wird eine Kombination von höchstens vier Essenzen empfohlen.

Bei Stress helfen insbesondere folgende Essenzen: Oak (Eiche), Hornbeam (Hainbuche), Elm (Ulme), Vervain (Eisenkraut), Centaury (Flockenblume), Chicory (Zichorie) und Larch (Lärche).

Kirlian-Fotografie: Diese Technik wurde von dem Russen Semjon Kirlian und seiner Frau Walentina entwickelt. Man soll damit die Aura von Menschen, Tieren und Pflanzen fotografieren können.

1 Dr. Edward Bach – zu seinen geistigen Vätern gehörte Samuel Hahnemann (1755–1843), der Begründer der Homöopathie.

2 Die Bach-Blüten wirken auf subtile Weise.

3 Die Blüten werden in Quellwasser gelegt und dem Sonnenlicht ausgesetzt.

2

3

in sieben Kategorien eingeteilt: 1. Für ängstliche Menschen. 2. Für unsichere Menschen. 3. Für Menschen, die sich häufig verschließen. 4. Für einsame Menschen. 5. Für leicht beeinflussbare Menschen. 6. Für Menschen, die leicht aufgeben. 7. Für Menschen, die sich von anderen vereinnahmen lassen. Den meisten von uns sind wahrscheinlich die „Rescue"-Tropfen bekannt, eine Kombination aus fünf Blütenessenzen, für akute Stress- und Notfallsituationen.

Beim Auswählen einer Heilblüte wird die Gemütsverfassung analysiert. Sind Sie ein Mensch, der andere ständig kritisiert? Dann wäre Beech das richtige Mittel. Fühlen Sie sich oft angespannt? In solchen Fällen hilft Cherry Plum. Führen Sie ein Traumtagebuch während der Einnahme der Bach-Blüten, das hilft Ihrer Selbsterkenntnis auf die Sprünge. Träume weisen auf verdrängte seelische Probleme hin, die uns blockieren können. Zwar ist die Wirksamkeit der Bach-Blüten noch nicht wissenschaftlich bewiesen, doch aufgrund zahlreicher Heilungsberichte beschäftigen sich inzwischen auch Mediziner mit der Erforschung dieser Therapie.

Aura
ist ein unsichtbares Fluidum, das Menschen, Tiere und Pflanzen umgibt. Hellsichtige können angeblich an den Farben der Aura den Gemütszustand eines Menschen erkennen.

Bäder und Thermen – *Genuss pur*

Im alten Rom arbeitete man im allgemeinen nicht mehr als sechs Stunden pro Tag. Die restliche Zeit widmeten sich die Römer den schönen Dingen des Lebens. Man ging in die Thermen – wo man sich auch ärztlich behandeln ließ –, traf Freunde und speiste zwischendurch ausgiebig. Allerdings waren die Bäder eine Männerdomäne – Frauen durften sie zwar benutzen, hatten aber nicht die gleichen Rechte!

Die alten Römer besaßen schon vor über 2000 Jahren eine hoch entwickelte Badekultur. Ihre fußbodengeheizten Thermen mit Labrum (Fuß-Waschbecken), Frigidarium (Kaltbaderaum), Tepidarium (Akklimatisierung), Caldarium (Saunaraum) und Laconicum-Sudatorium (Schwitzbad) sind bis heute Vorbild vieler Wellnesszentren.

Für den modernen Menschen sind Bäder und Thermen vor allem Ruhe- und Schönheitsoasen, wo man Alltagsstress hinter sich lassen oder eine Gesundheitskur machen kann. Thermalwasser enthält zahlreiche Mineralstoffe und Spurenelemente, die eine heilende Wirkung bei Rheuma, Erkrankungen der Atemwege oder Hautleiden haben. Bei einem Schönheitsbad – nach der berühmten ägyptischen Königin Kleopatra benannt – wird man in ein mit Stuten- oder Kuhmilch und verschiedenen Ölen getränktes Vlies gewickelt und ruht entspannt auf einem Wasserbett. Das Resultat sind eine samtweiche Haut und entspannte Nerven. Heu-, Algen- oder

Mittelalterliche Badefreuden: „Liebespaar im Badezuber“; Holzschnitt, coloriert, aus dem 15. Jh.

B

1 Stilvoll relaxen mit Jugendstil-Ambiente: Das Gellert-Bad in Budapest

2 Aquagymnastik macht mehr Spaß als „Trockenübungen“.

Nachtkerzenölbäder dagegen regen den Kreislauf an und entschlacken das Gewebe.

Ein einmaliger Genuss ist ein orientalisches Rasul-Dampfbad! Dabei wird Schlamm mit arabischen Ingredienzen auf den Körper aufgetragen, der zunächst getrocknet und anschließend mit mildem Kräuterdampf wieder geschmeidig gemacht wird. Nach einer Schlamm-Massage wird der Körper abgeduscht und mit duftenden Ölen verwöhnt.

Wer es moderner mag, dem sei die neue Aquapower empfohlen! Liquid-Sound, Water-Balancing und Wasser-Aerobic bestimmen die Badekultur an der Schwelle zum neuen Jahrtausend. Bei der Liquid-Sound-Methode schwebt man – von irdischem Ballast befreit – unter Wasser und lauscht, von farbigem Licht bestrahlt, ozeanischen Geräuschen und sanfter Musik. Die fließenden Bewegungen des Water-Balancing fördern den Energiefluss. Bei Aerobic im Wasser lassen sich alle Bewegungen mühelos vollziehen. Der letzte Hit: Stretching mit der Pool-Nudel, joggen mit dem Aquajogging-Gurt, Fitness mit Schaumstoffhanteln.

Eines der meistbesuchten europäischen Bäder im 18. Jh. – damals kam es zu einem allgemeinen Aufschwung im Badewesen – war das englische Bath. In der Hochsaison weilten dort 8000 Badegäste. Im weithin berühmten Karlsbad kurten während der Sommermonate nur etwa 600 Personen.

Bioenergetik – *der Körper lügt nicht*

„Die Sprache des Körpers heißt nonverbale Kommunikation.“
Alexander Lowen

Das seelische Gleichgewicht ist vom körperlichen Wohlbefinden abhängig. Der amerikanische Arzt und Psychotherapeut Alexander Lowen hat das erkannt und auf dieser These eine Therapie aufgebaut. Ursprünglich basiert die Bioenergetik auf der Arbeit des umstrittenen österreichischen Psychoanalytikers Wilhelm Reich. Lowen entwickelte sie weiter und gilt heute als ihr geistiger Vater. Reich selbst hatte Lowen 1942 vorgeschlagen, bei ihm eine Therapie zu beginnen. Der antwortete: „Ich interessiere mich sehr dafür, möchte aber vor allem berühmt werden.“ Reich versicherte ihm: „Ich werde Sie berühmt machen.“ Was dann auch der Fall war ...

Heute ist die Bioenergetik ein fester Bestandteil der ganzheitlichen Körpertherapien. Ihr Ansatz geht davon aus, dass alles, was wir je erlebt haben, in unserem Körper – den Zellen und Muskeln – gespeichert ist. Negative Erlebnisse manifestieren sich als Verspannungen und Blockaden. Will uns die Psyche

1 Alexander Lowen hat in den 40er- und 50er-Jahren die Bioenergetik entwickelt.

2 Früh übt sich, wer ein Meister werden will.

3 Das „Erden“ spielt in der Bioenergetik eine wichtige Rolle.

zur Arbeit an uns selbst auffordern, dient ihr der Körper als Hilfsmittel. Indem er die verschiedensten Krankheitssymptome erzeugt, sind wir gezwungen, uns mit unserem verdrängten Innenleben und den unterdrückten Bedürfnissen auseinander zu setzen. Bioenergetische Übungen werden bei vielen Symptomen, deren Ursprung die ⇢ **Psychosomatik** erklären kann, erfolgreich eingesetzt, bei Kopfschmerzen und Verspannungen im Nacken- und Schulterbereich.

⇢ **Psychosomatik** Darunter versteht man die Anwendung tiefenpsychologischer Erkenntnisse auf das Entstehen von Krankheiten. Daraus ergibt sich ein völlig neues Krankheitsverständnis, in das Seele, Geist und Körper einbezogen sind.

Bei den verschiedenen Bewegungsabläufen oder Atemübungen – die eine wichtige Rolle spielen – ist es entscheidend, seine Empfindungen und einzelne Körperzentren differenziert wahrzunehmen. Sie können es leicht selbst ausprobieren:

Wenn Sie bioenergetische Übungen machen und dabei intensive Gefühle erleben, sollten Sie diese keinesfalls unterdrücken, sondern zulassen!

Nehmen Sie die bioenergetische Grundposition ein – Füße parallel hüftbreit auseinander, Knie etwas gebeugt, die Zehen leicht nach innen gedreht. Schließen Sie die Augen, und versuchen Sie Ihren Körper wahrzunehmen. Was spüren Sie zuerst – Bauch oder Kopf? Die Füße oder das Genick? Wie ist Ihr Atem? Gleichmäßig, flach, stockend oder gepresst? Hören und fühlen Sie in Ihr Inneres – und nehmen Sie sich Zeit dafür! Lauschen Sie der Botschaft ihres Körpers und versuchen Sie diese in Ihr Leben zu integrieren.

„Ich werde daran kaputtgehen, dass ich die Menschen so genau spüre.“ *Wilhelm Reich*

Wenn wir uns mithilfe der Bioenergetik der Sprache unseres Körpers bewusst werden und darauf hören, verbessert sich unser physisches und psychisches Wohlbefinden. Bioenergetische Übungen kann man sowohl bei einem Lehrer beziehungsweise Therapeuten als auch anhand von Büchern erlernen und praktizieren.

Biorhythmus – *Auf und Ab des Leben*

In einigen Ländern werden die Erkenntnisse der Biorhythmik bereits konkret in der Arbeitswelt angewendet. In Japan werden Taxifahrer, Lokführer und Postfahrer „biorhythmisch erfasst“ und entsprechend eingesetzt.

Selbst im Leben des Genies Johann Wolfgang von Goethe gab es Zeiten, in denen er zu keinerlei kreativer Leistung fähig war. Doch der vielseitige Künstler nahm derartige „Flauten“ gelassen hin. „Drum hetze nicht zur schlimmen Zeit, denn Füll und Kraft sind nimmer weit: Hast in der bösen Stund geruht, ist dir die gute doppelt gut.“ Der Dichter hat damit auf poetische Weise eine Gesetzmäßigkeit ausgedrückt, die wir heute unter dem Begriff ···› **Biorhythmus** kennen.

Wissenschaftliche Untersuchungen haben gezeigt, dass die Leistungsfähigkeit eines Menschen und insbesondere seine schöpferischen Prozesse in engem Zusammenhang mit dem Biorhythmus stehen. Diesen Begriff hat der Arzt Wilhelm Fließ (1858–1928) geprägt, der zwischen dem 23 Tage dauernden körperlichen Bio- und dem 28 Tage dauernden Seelenrhythmus unterschied. Seine Schüler fügten später noch den 33 Tage dauernden Geistesrhythmus hinzu. Alle drei von Hoch- und Tieflagen gekennzeichneten Rhythmen sind im

1 Das Lied einer Feldlerche ist Symbol für ein Stimmungshoch.

2 Wie echte Eulen werden auch menschliche „Nachteulen“ erst am Abend munter.

3 Auch beim Wandern in der Natur sollte man dem eigenen Biorhythmus folgen.

Leben eines jeden Menschen von Geburt an wirksam. Eine Phase, in der alle Rhythmen zur selben Zeit in Hochform sind, ist ideal für jene Vorhaben, die uns vermehrt Kräfte abverlangen – seien sie nun körperlicher, geistiger oder seelischer Natur. Auch Stefan Zweig stellt in seinem Buch „Sternstunden der Menschheit“ über das Auf und Ab im Leben bedeutender Persönlichkeiten fest, dass große Werke nur in außergewöhnlichen Momenten entstehen.

Meiden Sie vor allem an „kritischen Tagen“ jedes Risiko und überfordern Sie sich nicht! Gönnen Sie sich Ruhe und konzentrieren Sie sich ganz auf Ihre eigenen Bedürfnisse!

Das andere Extrem stellt das dreifache biorhythmische Tief dar, bei dem unsere Fähigkeiten nahezu brachliegen. In dieser Zeit tun wir gut daran, uns zurückzuhalten, neue Kräfte zu sammeln und keinerlei Risiken einzugehen. Kritisch können auch der jeweils erste Tag einer neuen Phase sowie der Tag nach Ablauf einer halben Periode sein, wenn der Übergang vom Hoch ins Tief erfolgt.

Biorhythmus
Darunter versteht man die wechselhafte Befindlichkeit eines Menschen, das Auf und Ab seiner Lebenskraft. Kennt man seine biologisch vorprogrammierten körperlichen, seelischen und geistigen „Berg- und Talfahrten“, kann man lernen, damit umzugehen und sein Leben harmonisch darauf abzustimmen.

Will man seinen Biorhythmus verfolgen, kann man ihn sich für einen Monat oder einen längeren Zeitraum per Computer ausrechnen lassen und anhand der grafischen Darstellung ersehen, wie die persönlichen Hochs und Tiefs gelagert sind. Dann lässt sich leicht feststellen, ob der reale emotionale, seelische und geistige Zustand der errechneten Kurve entspricht. Wenn man Biorhythmus-Anhängern glauben darf, ist diese Übereinstimmung in fast hundert Prozent aller Fälle gegeben! So gesehen lohnt es sich also, „biorhythmische Ökonomie“ zu betreiben, die kostbaren Lebenskräfte zur rechten Zeit und am rechten Ort einzusetzen und damit seine guten Stunden im goetheschen Sinn zu verdoppeln.

1

Buddhismus – *Lehre des Erbarmens*

Der historische Siddharta, dessen Ehrentitel „Buddha" war – das bedeutet der „Erwachte" beziehungsweise der „Erleuchtete" – stammte aus dem indischen Adelsgeschlecht der Schakyas. Er wurde um 560 v. Chr. inKapilavastu geboren und starb um 480 v. Chr. bei Kushinagara.

Samsara
Darunter versteht man den ewigen Kreislauf der Wiedergeburten, der nur durch die Erlösung beendet werden kann.

Nirwana
Buddha definierte das Nirwana als das Versiegen der Gier, des Hasses und der Verblendung. Es ist das Endziel allen buddhistischen Strebens.

Die Legende berichtet, dass die Königin Maya vor der Geburt ihres Sohnes Siddharta einen ungewöhnlichen Traum hatte: Sie wurde von Geisterhand über ein Hochland getragen und unter einem Baum von einem weißen Königselefanten begattet. Als die Priester am Hof das erfuhren, prophezeiten sie, dass dieses Kind ein Held werden würde – entweder als großer Kaiser oder als spiritueller Lehrer.

Letzteres wurde wahr. Mit 29 Jahren verließ Siddharta eines Nachts heimlich den Königshof. Er verbrachte einige Zeit bei bedeutenden Meistern, die ihn in der Meditation unterrichteten. Danach führte er sechs Jahre lang ein streng asketisches Leben. Im Alter von 35 Jahren setzte er sich unter einen Feigenbaum in der Nähe des Orts Uruvela und meditierte und fastete dort fast 49 Tage, bis ihm die Erleuchtung (Bodhi) zuteil wurde.

Nach diesem Erlebnis schrieb Siddharta, der nun zum Buddha – einem Erleuchteten – geworden war, über das irdische Dasein: „Wohin ihr auch schaut, da ist ein Drängen und Mühen und eine wilde Jagd nach Vergnügungen; da ist eine hastige Flucht vor Schmerz und Tod, und heiß lodern die Flammen brennender Begierden. Die Welt ist eitel, voll von Wechsel und Veränderung. Alles ist **Samsara.**" Und: „Die Tilgung des Selbst ist Erlösung; die Vernichtung des Selbst ist die Bedingung aller Erleuchtung; das Auslöschen des Selbst ist **Nirwana.**"

Buddha postulierte in seiner Lehre den achtfachen Pfad, der zum Erlöschen des Selbst und zur Erlösung vom Leiden führt. Er beinhaltet: rechte Anschauung, rechte Gesinnung, rechtes Handeln, rechten Lebensunterhalt, rechte Anstrengung, rechte Achtsamkeit, rechte Sammlung.

Nach Buddhas Tod verbreitete sich seine Lehre in den ersten 1000 Jahren in Indien, Sri Lanka, China, Südostasien, Japan und Tibet. Unter Kaiser Ashoka, der im 3. Jahrhundert v. Chr. über das nordindische Maurya-Reich geherrscht hatte, erreichte die Verbreitung der „Lehre des Erbarmens" ihren Höhepunkt. Ashoka setzte die Lehre – sie wird auch Dharma genannt – in die Praxis um, indem er das Töten von Tieren verbot.

„Die Lehre des Buddha ist Verneinung des Selbst und der Selbstsucht, aber nicht des Lebens." *Paul Carus, amerikanischer Publizist*

Im Westen wurde der Buddhismus im 19. Jahrhundert insbesondere durch den Schriftsteller Friedrich von Schlegel und den Philosophen Arthur Schopenhauer bekannt. Auch in den Lehren moderner gnostischer Strömungen, etwa bei den Theosophen, Anthroposophen und Rosenkreuzern finden sich buddhistische Elemente. Der tibetische Buddhismus ist in unseren Tagen insbesondere durch den im Exil lebenden 14. Dalai-Lama populär geworden.

2

1 Klassische Buddha-Statue im Lotossitz

2 Siddharta schneidet sich die Haare ab. Ausschnitt aus einer Wandmalerei; Thailand, 19. Jh.

3 Hingebungsvolle Buddha-Verehrung in einer birmanischen Pagode

3

Carpe diem – *„nutze den Tag!“*

Der römische Dichter ⇢ **Horaz** erkannte es schon vor 2000 Jahren. Das Motto des Lebenskünstlers hieß: „Carpe diem“ – frei übersetzt: nutze den Tag. Was er damit sagen wollte, müssen wir heute erst wieder mühsam lernen: Das Leben ist ein Geschenk! Jeder Mensch ist einzigartig, aber leider sterblich – und damit wird auch jeder einzelne Tag unendlich wertvoll. Stellt man sich dann noch die Gretchenfrage, was wichtig wäre, wenn man nur noch eine kurze Zeit zu leben hätte, tauchen aus dem Unbewussten lang verdrängte Wünsche auf. Doch genau auf diese Wünsche sollten wir schon vorher hören, um seelisch und körperlich ins Gleichgewicht zu kommen.

⇢ **Horaz**
Quintus Horatius Flaccus lebte vom 8.12.65 bis 27.11.08 v. Chr. in Rom. Kaiser Augustus umwarb ihn, doch Horaz wollte abseits von der Hektik Roms frei und unabhängig leben. Horaz' Leitsatz „sapere aude“ – „wage es, weise zu sein“ – wurde bei Immanuel Kant zum Leitgedanken der Aufklärung.

Heute haben die meisten Menschen Probleme, sich zu entspannen. Sie hetzen von einem Termin zum anderen, können nachts schlecht schlafen und klagen permanent über Stress. Wenn es Ihnen auch so geht, ist es höchste Zeit, etwas zu tun! Lebt man nämlich längere Zeit unter einer derartigen Hochspannung, wird man früher oder später vom berüchtigten „Burn-out-Syndrom“ erfasst. Spätestens wenn man innerlich völlig leer ist, seine alltäglichen Aufgaben nicht mehr bewältigt und in den Augen der Gesellschaft damit an Wert verliert, denkt man über den Sinn des Lebens nach und darüber, was man wirklich will und braucht.

Finden Sie heraus, welche Situationen Sie am meisten unter Druck setzen. Entwerfen Sie dann eine Strategie, wie Sie besser damit umgehen können.

Würden wir das, was wir tun, mit mehr Hingabe erledigen, könnten wir auch das Nichtstun unbeschwerter genießen, und unser Leben sähe anders aus. Doch meistens sind wir mit mehreren Dingen gleichzeitig beschäftigt – wir telefonieren, schlingen zwischendurch einige Bissen hinunter, sehen

1 Horaz – Fresko von Luca Signorelli im Dom von Orvieto (1500–04)

2 Wer sich öfter Zeit für sich selbst nimmt, hat mehr vom Leben. Je früher man damit beginnt, desto besser.

nebenbei fern, denken darüber nach, was wir noch zu erledigen haben, und vieles mehr. Richtig genießen kann man dabei weder das Essen noch den Film noch das Telefonat. Wir werden vielmehr zum gestressten Opfer unserer eigenen Hyperaktivität.

Die Neuorganisation Ihres Lebens könnte so aussehen: Stehen Sie am Morgen mit dem Gefühl auf, dass Sie diesen Tag genießen wollen. Lächeln Sie sich selbst im Spiegel zu, und lächeln Sie tagsüber auch Ihrer Umwelt zu. Erstellen Sie ein Tagesprogramm und setzen Sie dabei Prioritäten. Lernen Sie, nein zu sagen, wenn nicht genügend Zeit für Sie übrig bleibt. Haben Sie auf diese Weise eine Woche verbracht, werden Sie staunen, wie sich Ihr Dasein verändert hat: Plötzlich haben Sie mehr Zeit, schlafen besser und freuen sich wieder Ihres Lebens.

⇒ „Die wichtigste Stunde in unserem Leben ist immer der gegenwärtige Augenblick; der bedeutsamste Mensch in unserem Leben ist immer der, der uns gerade gegenübersteht; das notwendigste Werk in unserem Leben ist stets die Liebe."
Leo Tolstoi

Christliche Meditation

1

⇢ **Ignatius von Loyola** Der Begründer des Jesuitenordens wurde 1491 als 13. Kind einer baskischen Adelsfamilie auf Schloss Loyola geboren. Eine schwere Verletzung beendete seine Karriere als Offizier des Vizekönigs von Navarra. Doch eine Wallfahrt veränderte sein Leben – er wurde zu einem Mann Gottes. In seinem „Tagebuch des inneren Lebens" beschreibt er, wie ihm durch eine „Erleuchtung" die „Augen der Vernunft" geöffnet wurden. Ignatius starb 1556. Seine letzten Worte waren: „O Gott!"

„Wer sich selbst findet, ist über die Welt erhaben."
Thomasevangelium

In seiner 1548 verfassten Schrift „Exercitia spiritualia" („Geistliche Übungen") beschreibt ⇢ **Ignatius von Loyola** meditative Wege zur wahren Gotteserkenntnis, deren praktische Anweisungen für jeden, der das Meditieren erlernen möchte, bis heute Gültigkeit haben. So gibt der Begründer des Jesuitenordens nicht nur Hinweise darauf, wie man sich durch Meditation aufs Gebet vorbereiten solle – er kannte auch die Methode des Visualisierens. Ignatius empfiehlt etwa, sich während der Meditation einen Berggipfel vorzustellen und dessen Erhabenheit zu spüren, oder sich selbst mit den Eigenschaften oder Fähigkeiten vor seinem geistigen Auge auszustatten, die man anstrebt.

Ein Mensch, der meditiert, zieht sich vorübergehend aus dem Alltag zurück und begibt sich in seine innere Mitte. Meditation kommt aus dem Lateinischen und bedeutet „besinnliche Betrachtung". Worüber meditiert ein Mensch? Im Allgemeinen über den Sinn seines Lebens, über seine Bestimmung in der Welt, seine Beziehung zum Göttlichen und über sein wahres Selbst.

Meditation und ⇢ **Kontemplation** waren von jeher Bestandteil der christlichen Lehre. Im Unterschied zum Gebet als aktive Hinwendung zu Gott, sind Meditation und Kontemplation ihrem Wesen nach passiv. Auch die Meditation über ein bestimmtes Wort – wie etwa „Gott" – war schon zu Ignatius' Zeiten bekannt und gehörte zu den von ihm empfohlenen Übungen, wobei er auch den Atem, im Wissen um den „göttlichen Hauch", mit einbezog. In der Praxis sieht dies so aus, dass der Meditieren-

1 Zeitgenössisches Porträt des Ignatius von Loyola; sein spiritueller Weg begann nach einem Kriegserlebnis.

2 Eine „Kathedrale" aus Fels – ein faszinierender Ort der Versenkung!

3 „Der betende Einsiedler" von Gerard Dou (1613–75)

2

3

de beim Einatmen das Wort „Gott" denkt und sich beim Ausatmen auf die Bedeutung dieses Begriffs konzentriert. Diese Anweisungen haben ihre Parallelen in Yoga-Techniken und Visualisationsübungen des tibetischen Buddhismus, was zeigt, dass alle Religionen, die einen Heilsweg zur wahren Erkenntnis lehren, die meditative Praxis kennen.

Eine andere Form christlicher Meditationspraxis, die von berühmten christlichen Mystikerinnen wie Theresa von Avila, Katharina von Siena und Johanna von Orléans mit Erfolg ausgeübt wurde, ist die „Innere-Stimme-Meditation". Bei dieser Art der Meditation konzentriert man sich auf einen bestimmten Gegenstand – beispielsweise das Kreuz, eine brennende Kerze, ein Marien- oder Jesusbild – und wartet auf göttliche Eingebungen beziehungsweise Einsichten, die tief aus dem Inneren aufsteigen und als Botschaften Gottes betrachtet werden. Zu den „Gnadengeschenken", die durch diese Meditation empfangen werden, gehören unter anderem auch himmlische Visionen, wie sie manchen christlichen Mystikern zuteil wurden.

Kontemplation
Die Kontemplation ist ein aus der christlichen Überlieferung stammender Weg der Versenkung. Es handelt sich dabei um eine Form der nicht gegenständlichen Meditation, die im stillen Sitzen ausgeübt wird. Wille, Verstand und Gefühl kommen dabei zum Schweigen, und es entsteht eine wache Aufmerksamkeit für das Innewerden göttlicher Geheimnisse.

Dampfbad und Sauna

Caldarium
Die alten Römer badeten zuerst im Frigidarium, einem Kaltwasserbad. Von dort aus ging es in ein lauwarmes Übergangsbad – das Tepidarium. Erst danach wechselte man ins Caldarium, wo man bei 50° schwitzte.

Ein finnisches Sprichwort sagt, in der Sauna solle man sich benehmen wie in der Kirche. Tatsächlich blicken jedoch sowohl Dampfbad als auch Schwitzbad auf eine weit längere Geschichte zurück als die christliche Kirche: So kam das Wissen um Schwitzbäder vor Jahrtausenden mit wandernden Urvölkern aus Asien nach Nordamerika; Indianer benutzten bereits Schwitzzelte oder -hütten. Neben der Gesunderhaltung hatten sie kultische Bedeutung. Der griechische Geschichtsschreiber Herodot wiederum berichtet von den Skythen, einem Nomadenvolk vom Schwarzen Meer, dass diese sich in Dampfbädern entspannten und dabei vor Begeisterung laut aufheulten.

Die Römer entwickelten das hellenische Badewesen weiter. Die Kaiser bauten luxuriöse Thermen von monumentaler Größe. Sogar der Status der römischen Herrscher wurde daran gemessen, wie prunkvoll ihre Bäder ausgestattet waren. Geschwitzt wurde bei den

Im Orient gehören Dampfbäder seit Jahrhunderten zum Entspannungs- und Hygieneprogramm: „Das türkische Bad“ von Jean Auguste Dominique Ingres entstand 1862.

1 Regelmäßige Saunabesuche stärken das Immunsystem.

2 Das Caldarium der römischen Kaiserthermen in Trier.

Römern im ⇢ **Caldarium**. Berichte über das türkische Bad brachten die Kreuzfahrer nach Westeuropa, und bald schon gab es in mittelalterlichen Burgen den Luxus einer Badestube. Doch der Kirche waren derart „zügellose“ Sitten ein Dorn im Auge. So verkündete Augustinus: „Ein Bad im Monat ist gerade noch mit dem christlichen Glauben zu vereinen.“ Die im Mittelalter grassierende hochansteckende Pest trug zum Untergang der Badekultur bei.

Als Auswirkung der Napoleonischen Kriege hielt das russische Dampfbad in Mitteleuropa Einzug. 1818 entstand in Berlin das erste Dampfbad, in dem der Schweiß bei 40 bis 50 Grad Celsius floss. Damals glaubten Ärzte sonderbarerweise, ein Dampfbad sei den Deutschen zuträglicher als ein trockenes Schwitzbad.

Immerhin schrieb Olympiasieger Paavo Nurmi, der 1924 für Finnland Gold im 10 000-Meter-Querfeldeinlauf holte, seine Konstitution regelmäßigen Saunabesuchen zu. Seit 1936 auf Wunsch der finnischen Sportler im Olympischen Dorf in Berlin das erste Saunahaus gebaut wurde, hat sich die ⇢ **finnische Sauna** die Herzen der Deutschen erobert.

⇢ **Finnische Sauna**
Geschwitzt wird bei 80–95° Celsius. Pro Durchgang – empfohlen werden drei – verliert man bis zu einen Liter Schweiß. Durch den Wechsel von heißer, trockener Luft und eiskaltem Wasser wird der Stoffwechsel angekurbelt und die Durchblutung verbessert. Beim Aufguss wird mit ätherischen Ölen versetztes Wasser auf die heißen Steine im Saunaofen gegossen. Dabei kommt es zu einem feuchtheißen Dampfstoß, der die Schweißproduktion zusätzlich verstärkt.

Do-In – *das Tao der Gesundheit*

1

Do-In wurde in China bereits im Zeitalter des ⇢ **Gelben Kaisers** gelehrt, also seit über 4000 Jahren, wurde jedoch lange Zeit nur im Geheimen praktiziert. Grundlage dieser Heilkunst ist der Taoismus: Für die Chinesen waren die Harmonie und die Ordnung, die sie im Universum beobachteten, Manifestationen des Tao oder des göttlichen Willens. Dem Tao zu folgen – „Tao" bedeutet „Weg, Straße oder Pfad" – hieß, auf dem rechten Weg zu sein, dem Weg, der zu Frieden, Harmonie und Erfolg führte.

⇢ **Gelber Kaiser**
Der Gelbe Kaiser war ein taoistischer Weiser, der das Prinzip des Qi kannte und damit arbeitete. So beobachtete er beispielsweise die Wolken und nahm ihre Formationen sowie die Art und Weise, wie sie in den Himmel stiegen, als Vorzeichen dafür, wie man den Staat ordnen und führen sollte. Offenbar hatte der Gelbe Kaiser mit dieser Methode Erfolg, denn um 2600 v. Chr. soll er China erstmals geeint haben.

Die Heilkunst des Do-In basiert auf der Überzeugung, dass alles und jeder einen bestimmten Platz im Universum einnimmt und eine bestimmte Aufgabe zu erfüllen hat. Krankheiten oder Schmerzen sind Zeichen dafür, dass das Qi – die Lebensenergie – stagniert, wodurch Disharmonie entsteht. Beim Do-In soll mithilfe von Atemtechniken, Akupressur, Meditation und exakten Körperstellungen das Qi wieder zum Fließen gebracht sowie schädliches Qi ausgeschieden werden. Zirkuliert das Qi ungehindert im Blut, können die inneren Organe geheilt und vitalisiert werden. Do-In kann man jederzeit und fast überall praktizieren. Die geeigneten Übungen findet man, indem man auf seinen eigenen Körper hört, der den Do-In-Meistern zufolge unser bester Lehrmeister ist.

„Herrscht ein ganz Großer, so weiß das Volk kaum, dass er da ist."
Laotse

Durch das regelmäßige Praktizieren von Do-In soll der Organismus kaum altern, und selbst ältere Menschen sehen dadurch noch jung aus. Dies bestätigte auch der populäre japanische Sänger Sada Masashi, der in einem chinesischen Übungstempel Do-In-Praktizierende bei ihren Übungen beobachtete.

Sie waren über 100 Jahre alt, wirkten jedoch wesentlich jünger sowie erstaunlich vital und gesund.

Ein weiteres Mittel, um das schädliche Qi aus dem Körper zu leiten und ihn elastisch zu erhalten, ist das Sake-Bad – ein Verjüngungs- und Schönheitsmittel, auf das schon die Kurtisanen in den Kaiserpalästen des alten China schworen. Das Rezept ist denkbar einfach: Ein Liter Sake auf ein nicht zu heißes Vollbad! Neben dem kosmetischen Gewinn soll ein solch prickelndes Bad vor allem bei Erschöpfungszuständen wahre Wunder wirken.

Auch mit der folgenden Übung lässt sich stagnierendes Qi rasch wieder in Schwung bringen:

1. Setzen Sie sich im Schneidersitz auf den Boden. Verschränken Sie die Hände hinter dem Kopf, und atmen Sie durch die Nase ein.
2. Beugen Sie den Kopf nach hinten, und atmen Sie langsam durch den Mund aus.
3. Wenn Sie ausgeatmet haben, neigen Sie den Kopf langsam nach vorn und atmen durch die Nase ein.

Bei folgenden Beschwerden beziehungsweise Krankheiten hat sich Do-In besonders bewährt: Erschöpfungszuständen, Kopfschmerzen, Schulterverspannungen, Schlaflosigkeit, Blaseninfektion, Menstruationsstörungen, Zähneknirschen, Schnarchen, Anämie, Übergewicht, Rückenproblemen und Verstopfung.

2

3

4

1 Taoistisches Zeichen für Reinheit

2 Der Gelbe Kaiser, Mitbegründer der chinesischen Bewegungskultur

3 Hilfreich bei Kopfschmerzen: Do In Akupressur

4 Atemübungen sind wichtig beim Do-In.

Emotionale Intelligenz

···› **Sozialkompetenz** ist die Fähigkeit, Beziehungen zu anderen Menschen herzustellen und aufrechtzuerhalten. Ein sozial kompetenter Mensch ist nicht nur in der Lage, seine privaten Beziehungen befriedigend zu gestalten. Indem er sein Gespür, seine Sensibilität und sein Einfühlungsvermögen sinnvoll einsetzt, kann er auch im Beruf erfolgreich Teams bilden und leiten.

Die Herrschaft des Intelligenzquotienten ist ins Wanken geraten: Über 100 Jahre galt er als Maßstab für Wissen und Verstand – und damit für Erfolg im Beruf und im Leben. Doch seit der amerikanische Psychologe und angesehene Harvard-Wissenschaftler Daniel Goleman ein Aufsehen erregendes Buch über die Macht der Gefühle geschrieben hat, ist der EQ in Führung gegangen und gewinnt immer mehr an Bedeutung: Selbstbewusstheit, Selbststeuerung, Motivation, Einfühlungsvermögen, ···› **Sozialkompetenz** und vor allem Kommunikationsfähigkeit – das alles gehört demnach zum Rüstzeug eines emotional intelligenten Menschen.

Was genau zeichnet einen emotional intelligenten Menschen aus? Er kann aktiv zuhören, akzeptiert seine Mitmenschen, wie sie sind, kann sich selbst und andere motivieren und hat eine hohe Frustrationstoleranz. Darüber hinaus besitzt er die Gabe, sich in andere einzufühlen und deren Standpunkt zu verstehen. Er überfordert seine Mitmenschen nicht und

Manchmal kommt es gar nicht so sehr darauf an, was man sagt, sondern wie man es sagt. Die Körpersprache kann die verbale Kommunikation entscheidend beeinflussen.

schätzt sich selbst realistisch ein. Und was nicht minder wichtig ist: Er besitzt eine gute Kommunikationsfähigkeit, das heißt, er drückt seine eigenen Vorstellungen, Wünsche und Bedürfnisse klar aus und hört auch anderen objektiv und aufmerksam zu. Inzwischen haben Wissenschaftler festgestellt, dass auch Topmanager – der Inbegriff des modernen Karrieremenschen schlechthin – mitunter nur über einen mäßigen IQ, dafür aber über einen exzellenten EQ verfügen, der ihnen soziale Kompetenz verleiht und sie somit eher zur Menschenführung geeignet macht als ein ausgeprägter IQ.

Trainieren Sie Ihre emotionale Wahrnehmung, indem Sie Ihre Gefühle zulassen! Registrieren Sie genau, welche Situationen welche Gefühle in Ihnen auslösen. Ganz wichtig: Beurteilen und verurteilen Sie nichts, sondern lassen Sie Ihre Emotionen zu – werden Sie zu einem neutralen Beobachter.

Wer einen emotionalen Intelligenztest machen möchte, kann sich folgende Fragen stellen: Wer bin ich wirklich? Was hat mich geprägt? Welche Rollen spiele ich? Was sind meine wahren Bedürfnisse? Was sind meine Lebensziele? Wo liegen meine verborgenen Schwächen, wo meine besonderen Stärken? Woran glaube ich in Bezug auf mich selbst und andere? Was bestimmt mein Denken, Handeln und Fühlen? Was ist mir wirklich wichtig?

Setzt man sich mit diesen Fragen ehrlich auseinander, kommt ein interessanter Prozess in Gang, aus dem sich folgende Imperative ergeben: Finden Sie heraus, wer Sie sind! Lernen Sie mit Gefühlen umzugehen! Verbessern Sie Ihre Kommunikationsfähigkeit! Werden Sie kritikfähig! Lernen Sie Konflikte zu bewältigen! Gestehen Sie anderen Menschen deren Eigenart zu! Beschäftigen Sie sich mit Ihren Mitmenschen! Bleibt nur noch zu sagen: „Probieren Sie es aus, und begeben Sie sich in die emotionale Fülle des Lebens!"

„Hierarchien verwandeln sich in Netzwerke; Arbeitnehmer und Manager schließen sich in Teams zusammen."
David Goleman

Enneagramm – *Weg der Erkenntnis*

Woher das ···> **Enneagramm** genau stammt, lässt sich heute nicht mehr feststellen. Manche vermuten, dass es ein Erbe der Sufis ist, anderen Quellen zufolge soll es christlichen Ursprungs sein. Sicher ist jedoch, dass dieses uralte System über Jahrhunderte hinweg nur mündlich überliefert wurde und der persönlichen und spirituellen Entwicklung diente.

···> **Enneagramm**
„Ennea" heißt im Griechischen „neun", und „gramma" bedeutet so viel wie „Bild" oder „Figur".

Der breiten Öffentlichkeit ist das Enneagramm erst seit kurzer Zeit zugänglich. Dazu beigetragen haben zum einen der aus dem Kaukasus stammende spirituelle Lehrer ···> **G. I. Gurdijeff,** der in seiner Bewusstseinsschule mit dem Enneagramm arbeitete. Der zweite war ···> **Oscar Ichazo.** Seinen eigenen Aussagen zufolge wurde ihm das Enneagramm im zentralasiatischen Hochgebirge Pamir von Sufis vermittelt. Ichazos Schüler Claudio Naranjo, ein bekannter Psychotherapeut, setzte es bei seiner Arbeit ein. In den 70er-Jahren begann der amerikanische Franziskanerpater Richard Rohr damit zu arbeiten. In Deutschland wurde es durch den protestantischen Pfarrer Andreas Ebert bekannt. Inzwischen wird das Enneagramm auch mit modernen Methoden wie dem NLP (Neurolinguistisches Programmieren) kombiniert, das ebenfalls der Selbsterkenntnis dient.

···> **Oscar Ichazo**
Über sein Leben ist wenig bekannt. Offenbar hat er – wie auch der Schriftsteller Carlos Castaneda – seine persönliche Geschichte weitgehend ausgelöscht. 1970 stellte er während eines Workshops in Arica in Chile, an dem 40 Personen – darunter auch Claudio Naranjo – teilnahmen, erstmals das Enneagramm vor.

Das Enneagramm unterscheidet neun Persönlichkeitstypen. Typ eins gilt als der „urteilende Perfektionist", Typ vier ist der „romantische Traumtänzer", Typ acht der „machtoriente Kämpferboss". Jede Zahl hat zwei Nachbarzahlen – die Flügelzahlen –, die den Haupttypus beeinflussen, sowie einen Integrationspunkt und einen Desintegrationspunkt. Das Enneagramm ist kein statisches Gebilde, die neun

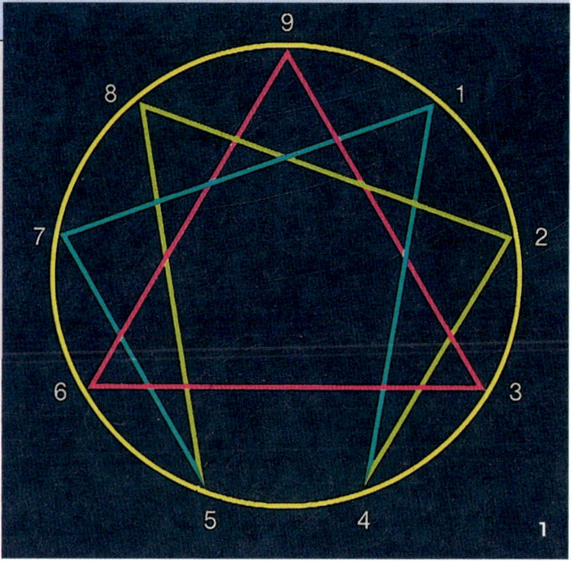

1 Das Enneagramm unterscheidet neun verschiedene Persönlichkeitsmuster. Man kann dieses System sowohl psychologisch als auch spirituell anwenden.

2 G. I. Gurdijeff – eine faszinierende Persönlichkeit

Typen befinden sich in einer dynamischen Entwicklung. Die Aufgabe besteht darin, sich zu dem Integrationspunkt hinzuentwickeln und sich während dieses Prozesses von negativen Eigenschaften zu befreien. Findet diese Entwicklung nicht statt, landet man automatisch beim Desintegrationspunkt, bei dem die negativen Eigenschaften eines Typs zum Vorschein kommen. Diese zeigen sich insbesondere in Stresssituationen. Typ acht könnte in einem solchen Fall noch lauter und dröhnender auftreten als gewöhnlich, statt sich zurückzunehmen.

Die amerikanische Schriftstellerin Anaïs Nin (1903–77) sagte einmal: „Wir sehen die Welt nicht so, wie sie ist, sondern wie wir selbst sind." Das trifft in der Tat recht häufig zu. Durch die Arbeit mit dem Enneagramm lernt man, sich selbst objektiver zu sehen, man bekommt die Mittel in die Hand, an sich zu arbeiten, sich positiv zu verändern und sein Bewusstsein zu erweitern.

G. I. Gurdijeff
Der Mystiker und Philosoph Georgi Iwanowitsch Gurdijeff (um 1877–1949) hat in den 20er-Jahren dieses Jahrhunderts Geheimlehren, denen er auf Reisen in den Osten begegnete, in Europa bekannt gemacht. Seine Grundaussage war, dass der Mensch eine „Maschine" sei und permanent schlafe.

Entspannen *wie Dionysos*

1

Eine Sonderstellung unter den dionysischen Freuden nehmen die Liebesgetränke ein. So wurde dem tragischen Liebespaar Tristan und Isolde ein Kräuterwein zum Verhängnis, der beiden die Sinne verwirrte. Im alten Griechenland bemühte Amor gerne seinen Götterkollegen Dionysos. Heute darf es gerne ein vielversprechend prickelndes Glas Champagner sein.

Dionysos
Der griechische Gott Dionysos gilt als Herr des Genusses und der Sinnlichkeit. Dionysische Attribute sind rauschhafte Ekstase, Sinnlichkeit, Emotionalität und Irrationalität. Gegenspieler ist der griechische Gott Apollo, der für strenge Form, heitere Ausgeglichenheit und rationale Klarheit steht.

Über Jahrhunderte hinweg inspirierten sie Künstler und Denker: alkoholische Getränke, besonders Wein, können bisweilen zu geistigen Höhenflügen führen. Viele große Geister wussten einen guten Tropfen zu schätzen – auch der als Frauenfeind bekannte Arthur Schopenhauer. Der Philosoph war eines Tages in Frankfurt bei der Familie Rothschild eingeladen. Vor seinem Gedeck standen Gläser in unterschiedlichen Größen. Der Gast hatte gerade einen Teller Schildkrötensuppe gegessen, als ein Diener mit der Weinflasche kam, um einzugießen. Schopenhauer schob ihm ein kleines Dessertglas hin. Der Diener raunte ihm zu: „Das große Glas, bitte, das kleine ist für die feinen Dessertweine." „Gießen Sie ruhig ein", flüsterte Schopenhauer, „das große Glas brauche ich, wenn die feinen Dessertweine kommen."

Sich nach einem arbeitsreichen Tag entspannt zurückzulehnen und ein Gläschen Wein zu trinken oder ein frisches Bierchen zu genießen, ist für viele Menschen der Inbegriff der Entspannung. Wenn man es sich dabei noch vor dem Fernseher gemütlich macht, schöne Musik hört, ein Buch oder eine Zeitung liest, kann man den Alltag hinter sich lassen – man kann abschalten und sich dem Zauber des Weingottes **Dionysos** hingeben, den die Römer Bacchus nannten.

Ob man sich dabei einen „Rausch" antrinkt oder es beim gemäßigteren Quantum belässt, hängt vom Charakter des Einzelnen und den jeweiligen Umständen ab. Doch ganz gleich in welchen Mengen man Alkohol, den großen „Sorgenlöser", konsumiert, er verändert in jedem Fall die Wahrnehmung.

Nicht immer führt Alkohol zu kreativen Höchstleistungen – viel öfter hat er eher zerstörerische Auswirkungen. Gegen einen abendlichen Schlummertrunk ist natürlich nichts einzuwenden, solange sich das Quantum in Grenzen hält. Rotwein etwa ist sogar der Gesundheit förderlich; denn durch die in der roten Traube enthaltenen Gerbstoffe (Tannine) wird die Bildung von Freien Radikalen gehemmt und damit das Krebsrisiko herabgesetzt. Zudem ist eine Senkung der Blutfettwerte möglich.

Der Beiname des römischen Weingottes Bacchus war Lyaeus, was „Löser" (von Sorgen) bedeutet.

Wenn man allerdings zu viel trinkt, erreicht man eher das Gegenteil der erwünschten Entspannung. Zwar schläft man schneller ein, doch der Schlaf ist unruhig. Größere Mengen Alkohol belasten das Nervensystem und erzeugen Stress – also genau das, was man eigentlich vermeiden wollte.

2

3

1 „Zwei Weintrinker", Lithographie, koloriert, um 1850

2 Symbol fröhlichen Feierns: „Bacchus" von Jan van Dalen, 1648

3 Entspannen im Straßencafé

Farben – *Juwelen des Lichts*

Die Farbtherapie wird von fortschrittlichen Wissenschaftlern als eine der wichtigsten Heilmethoden des nächsten Jahrhunderts bezeichnet. Sie arbeitet unter anderem mit Farbmeditation, Farbvisualisation, Spektro-Chrom-Therapie, Anwendungen von farbbestrahltem Wasser, Meridianfarbtherapie und Maltherapie.

Beschäftigen Sie sich intensiv mit Ihrer Lieblingsfarbe! Meditieren Sie darüber, hüllen Sie sich ganz in diese Farbe ein, und werden Sie eins mit ihr. So können Sie Ihre Aura stärken!

Schon die alten Ägypter wussten die Macht der Farben zu nutzen: Sie heilten Kranke in eigens dafür errichteten Tempeln, in denen sie farbige Tücher und kostbare Pigmente einsetzten. Die Astronomie treibenden Babylonier ordneten den sieben Planeten, die damals bekannt waren, verschiedene Farben zu, die deren jeweilige Qualität ausdrückten.

Farben besitzen eine starke Magie. Wir können das im alltäglichen Leben immer wieder sehen, am ehesten an der Art, wie wir uns kleiden. Tragen wir Rot, steigt unser Energiepegel, da diese Farbe die Energie zum Fließen bringen kann, während wir uns mit gelber Kleidung aufheitern, um depressiven Stimmungen entgegenzuwirken. Blau besänftigt und beruhigt, Grün harmonisiert und entspannt, Orange fördert die Kommunikation, während Violett das Nervensystem beruhigt. Indigo soll den Zugang zu Intuition und Weisheit erleichtern.

In moderneren Zeiten haben sich – unter vielen anderen – zwei große Geister mit der Welt der Farben auseinander gesetzt: Isaac Newton (1643–1727), der mithilfe eines Prismas entdeckte, dass das Sonnenlicht aus den sieben Regenbogenfarben besteht, und Johann Wolfgang von Goethe (1749–1832). Newton fertigte 1706 die ersten Zeichnungen seines ⇢**Farbkreises** an, Goethe stellte 1810 in der Farbenlehre seine eigenwillige Theorie vor. Darin war das bis heute gültige Konzept der Komplementärfarben enthalten, das in Newtons Farblehre fehlt. Goethe war von der newtonschen Theorie nicht sonderlich begeistert, da er sie für zu mathematisch, abstrakt und letztlich leblos hielt. Er plädierte dafür, die Far-

1–2 Jede Farbe hat ihre eigene Schwingung, die man physikalisch messen kann. Grün beruhigt, Gelb fördert die Intuition.

3 Isaac Newtons Manuskript zur Optik und Farbenlehre mit seinem Prisma und den Spektralfarben.

ben als „lebendige Empfindungen“ wahrzunehmen. Mit dieser Auffassung war er seiner Zeit weit voraus, hat doch die moderne Quantenphysik mit der Aussage, dass alles Energie und Schwingung ist, wissenschaftlich verifiziert, was Goethe seinerzeit rein intuitiv erfasst hatte.

Ob es Zufall ist, dass an der Schwelle zum Wassermannzeitalter – das auch als Zeitalter des Lichts bezeichnet wird – die heilende Wirkung der Farben neu entdeckt wurde? Diese Frage können wir vermutlich nicht beantworten, doch wir können mit Farben experimentieren. Warum nicht eine farbigkreative „Regenbogenwoche“ einlegen und jeden Tag ein andersfarbiges Schaumbad nehmen? Oder eine Farblichtbestrahlung machen, bei der die Wohnung mit verschiedenfarbigen Glühlampen in eine orientalische Märchenwelt verwandelt wird, in der wir träumen und loslassen können? Malen Sie ein Bild in Ihren Lieblingsfarben, oder gehen Sie zu einer Farbberatung. Wenn wir Farben verstärkt in den Alltag integrieren, kann auch unser Lebensspektrum schillernd und magisch werden wie ein Regenbogen!

Farbkreis
Newtons Farbkreis besteht aus sieben Farben, Goethes aus sechs. Newton sah Rot als reine Farbe an und nahm Indigo in sein Farbspektrum auf. Goethe verzichtete auf reines Rot und Indigo und integrierte stattdessen Magenta in den Farbkreis.

Fasten – *innere und äußere Reinigung*

Die Praxis des Fastens ist so alt wie die Menschheit selbst. Schon von den ägyptischen Pharaonen ist überliefert, dass sie sich vor religiösen Festen und kultischen Handlungen der Nahrung enthielten. Fasten war und ist auch ein selbstverständlicher Bestandteil der Weltreligionen, wo es als Mittel zur inneren Einkehr diente. Moses fastete 40 Tage auf dem Berg Sinai, Jesus verbrachte die gleiche Zeit ohne Essen und Trinken in der Wüste. Auch Buddha fastete über lange Zeiträume hinweg, und im Islam gibt es den Fastenmonat Ramadan.

Manche christliche Klöster tragen dem modernen Fastentrend Rechnung, indem sie Fastentage oder -wochen anbieten, die mit Meditation und Exerzitien verbunden sind. Ein ideales Angebot für diejenigen, die weit weg vom Lärm und der Routine des Alltags durch die Reinigung des Körpers auf die Sprache der Seele lauschen möchten!

Ballast loswerden, die Seele entrümpeln und dabei einige Pfund abnehmen – das wünschen sich

1 Wer fastet, muss unbedingt viel trinken, damit die Schlacken ausgespült werden.

2 Obst- und Gemüsesäfte sorgen beim Fasten für eine ausreichende Versorgung mit Vitaminen und Mineralien.

viele Wohlstandsbürger. Denn der Verzicht auf Nahrung hat erstaunliche Auswirkungen auf Körper, Geist und Seele. Bereits nach wenigen Fastentagen stellt sich der Stoffwechsel um, das vegetative Nervensystem bemüht statt des Sympathikus den Energie sparenden Parasympathikus, was die Nerven beruhigt und zu einer tiefen Entspannung führt.

Vermeiden Sie beim Fasten jeden Stress. Trinken Sie täglich zwei bis drei Liter, und bewegen Sie sich viel, damit es zu keinem Muskelabbau kommt. Wenn Sie gern in der Natur sind, kann Fastenwandern eine ideale Variante für Sie sein. Durch das Wandern wird besonders viel Fett verbrannt und Muskeln werden gestärkt.

Der Organismus schüttet darüber hinaus noch jede Menge Glückshormone aus, und Sie werden sich – nach möglichen anfänglichen Tiefs – geradezu euphorisch fühlen. Auch das Hungergefühl verschwindet, da der Darm am ersten Fastentag künstlich entleert wird und in der Folge die Produktion von Verdauungssäften einstellt.

Es gibt viele Fastenmethoden. Zu den bekanntesten gehören die von Otto Buchinger und F. X. Mayr. Darüber hinaus gibt es das Teefasten, das Saftfasten, das Eiweißfasten und das Fasten nach → **Hildegard von Bingen.** Alle Methoden haben eine Entschlackung und Entgiftung des Körpers und damit eine Regeneration des gesamten Organismus zum Ziel. Wichtig ist, dass eine Fastenkur mit einem so genannten Entlastungstag begonnen wird, an dem wenig gegessen wird, und dass am Ende die Aufbautage eingehalten werden.

→ **Hildegard von Bingen** Die heilige Hildegard (1098–1179) war seit 1136 Äbtissin des Benediktinerklosters Rupertsberg bei Bingen. Sie hielt das Fasten für ein Universalmittel, mit dem man Krankheiten vorbeugen oder heilen konnte. Während des Fastens hielt sie Ruhepausen für genauso wichtig wie Meditation und Bewegung.

Jede Fastenkur hat neben den positiven Auswirkungen auf den Körper auch eine heilende Wirkung auf die Seele. Mahatma Gandhi, der wahre Fastenmarathons durchführte, stellte fest: „Ich könnte auf das Fasten ebenso wenig verzichten wie auf meine Augen; was diese für die äußere Welt sind, ist das Fasten für die innere Welt."

Feldenkrais – *bewusste Bewegung*

Unter seinen Schülern befanden sich Persönlichkeiten wie der Regisseur Peter Brook, der Geiger Yehudi Menuhin und der erste israelische Ministerpräsident David Ben Gurion: Der Physiker und Judokämpfer Moshe Feldenkrais überzeugte mit seiner Lehre vom bewussten Bewegen, die er im Selbstversuch entwickelt hatte.

„Wirkliches Lernen bedeutet, imstande zu sein, Bekanntes auf verschiedene Arten ausführen zu können.“
Moshe Feldenkrais

Die Therapie des israelischen Wissenschaftlers ist mit Worten schwer zu beschreiben, da sie nur über den Körper erfahren werden kann. Moshe Feldenkrais (1904–84), Doktor der Physik und Direktor des Feldenkrais-Instituts in Tel Aviv, begann sich nach einer Sportverletzung intensiv mit Anatomie, Verhaltens- und Neurophysiologie sowie Psychologie zu befassen. Sein Hauptinteresse galt der menschlichen Bewegungsfähigkeit und den damit verbundenen Lern- und Entwicklungsmöglichkeiten. Er zitierte gern das chinesische Sprichwort: „Ich höre und vergesse. Ich sehe und erinnere mich. Ich tue und verstehe.“ Für ihn drückte es aus, was er mit seiner Arbeit vermitteln wollte: dass das Tun das Wesentliche ist. Feldenkrais-Arbeit ist ein Lernprozess, der den Menschen zu größerer Freiheit und Autonomie führen will. Ziel der Lektionen ist es, sich der eignen mechanischen Bewegungsmuster bewusst zu werden – denn nur dadurch kann man sie verändern.

Feldenkrais-Arbeit ist Entspannung und Meditation zugleich. Das bewusste Wahrnehmen körperlicher Bewegungsabläufe löst Blockaden, die Selbstbeobachtung führt zu mehr Ruhe und Gelassenheit.

Der klassische Feldenkrais-Therapeut lässt seinen Patienten meist einige Minuten im Raum auf und ab gehen und beobachtet ihn dabei. Wird dem Besucher das unangenehm, ist schon der erste kleine Schritt in Richtung Heilung getan: Denn das Gefühl, beobachtet zu werden, bewirkt, dass man sich seiner Körperhaltung und Bewegungen bewusst wird. Mit einem Mal spürt man, wie steif man den Kopf hält, wie hölzern und unsicher man geht.

Durch diese Wahrnehmung hat der Patient die Freiheit zu wählen, ob er eine mechanische Handlung durch eine bewusste ersetzen möchte. Die Frage: „Wie kann ich aufrechter gehen, mich weniger steif bewegen?" verändert das Bewusstsein. Denn die Lehre von Moshe Feldenkrais geht davon aus, dass uns jede Bewegung, auf die wir uns vorbehaltlos einlassen, neue Erkenntnisse vermittelt – unter anderem auch darüber, was für uns angemessen ist. Durch die Feldenkrais-Arbeit lernt der Mensch, das Wesentliche zu tun und Überflüssiges zu lassen. Es gibt zwei Feldenkrais-Methoden. Im Gruppenunterricht, der „Bewusstheit durch Bewegung" genannt wird, erteilt der Lehrer den Übenden mündliche Anweisungen. Im Einzelunterricht, auch ⇢ **Funktionale Integration** genannt, werden neuromotorische Funktionsweisen getestet und Anregungen für eine Verbesserung gegeben.

⇢ **Funktionale Integration**
Bei dieser Behandlungsmethode werden durch Berührung und passive Bewegung nicht nur Wohlbefinden und Lebenskraft gesteigert – man kann auch Schmerzen lindern und motorische Störungen beheben.

1 Im Gruppenunterricht zu neuem Körperbewusstsein gelangen

2 Den Körper einmal anders wahrnehmen als üblich – das ist das klare Prinzip der Feldenkrais-Therapie.

Feng-Shui – *harmonisch wohnen*

1

Feng-Shui „Feng" bedeutet „Wind" und „Shui" heisst „Wasser". Die alten Chinesen betrachteten Wind und Wasser als Vermittler zwischen Himmel und Erde.

Das Ba-gua-Raster, ein vereinfachtes Achteck, legt man über den Grundriss einer Wohnung. Die neun einzelnen Felder symbolisieren die wichtigsten Lebensbereiche und sollten bei der Anordnung und Gestaltung der Räume berücksichtigt werden. Tai Chi steht für das Zentrum der Wohnung.

Das berühmteste Bauwerk, das nach den Regeln des Feng-Shui errichtet wurde, ist die Chinesische Mauer. Dieses gigantische Monument, im 3. Jahrhundert v. Chr. entstanden und ursprünglich über 6400 Kilometer lang, soll angeblich sogar vom Mond aus zu erkennen sein.

Die Wissenschaft des **Feng-Shui** entstand bereits vor 5000 bis 6000 Jahren und lehrt eine Bauweise, die mit den Gesetzen der Natur in Einklang stehen und dadurch den Menschen Glück und Harmonie schenken soll. Seiner Lehre zufolge ist die Erde voller Energie von unterschiedlicher Qualität, die man den fünf Elementen (Erde, Holz, Feuer, Metall, Wasser) oder Yin und Yang zuordnet. Das Wissen um die Energien kann man beim Grundstückserwerb, beim Hausbau und beim Einrichten der Räume einsetzen. Das Grundgesetz der Feng-Shui-Philosophie ist, dass das Qi – die Lebensenergie – richtig fließen muss. Bei der Auswahl eines Grundstücks

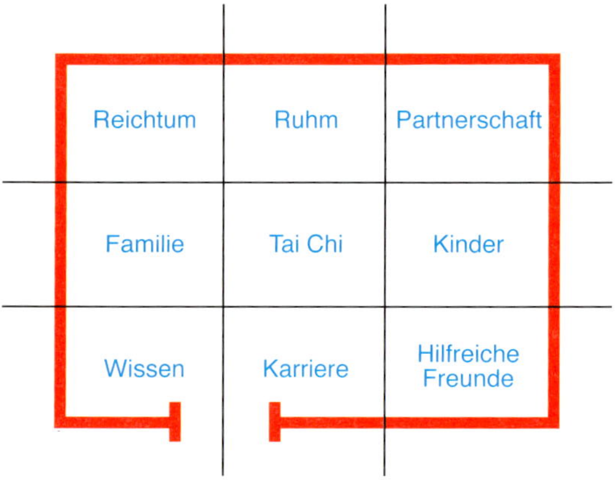

1–2 Tiere spielen im Feng-Shui eine wichtige Rolle. So gilt der Drache als Bewacher der linken, der Tiger als Bewacher der rechten Hausseite.

3 Die gläserne Spirale soll das Qi im Raum verteilen.

2

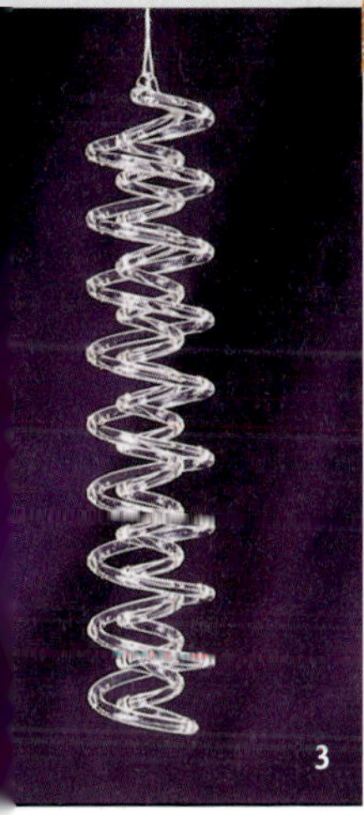

3

etwa sollte ein Feng-Shui-Meister konsultiert werden, der die Qi-Ströme aufspürt. Gehört der Meister der Kompass-Schule an – einer Hauptrichtung im Feng-Shui –, wird er ein Luo Pan verwenden, einen Kompass, mit dem er die Übereinstimmungen eines bestimmten Orts mit dem Kosmos misst. Als Anhänger der Landschaftsschule untersucht er natürliche geologische Formen wie Berge und Täler sowie künstliche wie Straßen und Gebäude.

Wer auf sich selbst angewiesen ist, kann die folgenden allgemein gültigen Regeln des Feng-Shui befolgen. So darf das Haus keinesfalls „geheimen Pfeilen" ausgesetzt sein. Das sind gerade Linien einer angrenzenden Straße oder eines Nachbarhauses, die auf ein Haus gerichtet sind. Geheime Pfeile wirken zerstörerisch und rauben Energie. Lassen sie sich nicht vermeiden, kann man sie mit verschiedenen Feng-Shui-Accessoires „entgiften". Außerhalb des Hauses kann dafür ein hölzernes Ba-gua mit einem Spiegel in der Mitte sorgen, das schädliche Einflüsse ablenken soll. Im Innern können achteckige Spiegel, Bambusflöten sowie Wind- und Glockenspiele das Qi zum Zirkulieren bringen.

In früheren Zeiten war das Praktizieren von Feng-Shui ein Privileg, das dem chinesischen Kaiser, dessen Familie und den Beamten vorbehalten war. War jemand aus den niederen Volksschichten so vermessen, sich mit Feng-Shui zu beschäftigen, drohte dieser Person die Todesstrafe.

Fünf-Minuten-Entspannung

„Wir haben nicht zu wenig Zeit, aber wir verschwenden zu viel davon."
Lucius Annaeus Seneca

Haben Sie in Ihrer Kindheit gern Huckepack gespielt? Versuchen Sie es doch wieder mal! Es ist eine wunderbare Dehnübung, die Sie mit einem Partner machen können. Stellen Sie sich Rükken an Rücken. Dann nimmt ein Partner den anderen abwechselnd huckepack, indem er ihn auf den Rücken hievt und sich nach vorn beugt.

Unser Leben ist heute um vieles einfacher als noch vor einigen Jahrzehnten: Maschinen nehmen uns die Arbeit ab, Autos und Flugzeuge transportieren uns schnell von einem Ort zum anderen, moderne Telekommunikation erleichtert das Miteinander. Doch mit all diesen begrüßenswerten Errungenschaften der Zivilisation sind wir auch einer ständigen Reizüberflutung ausgesetzt.

Einfach abschalten – warum fällt das so schwer? Meistens finden nämlich genau diejenigen, die Entspannung am nötigsten hätten, am wenigsten Zeit dazu. Die verzweifelten Signale des Organismus – Kopfschmerzen, Verspannungen, Rückenprobleme, Konzentrationsschwierigkeiten – werden so lange hartnäckig ignoriert, bis der Körper eines Tages streikt und sich mit einer ernsthaften Krankheit den Arbeitsanforderungen entzieht.

Lassen Sie es gar nicht erst so weit kommen, sondern gönnen Sie sich wenigstens fünf Minuten Entspannung am Tag. Ganz gleich, wo Sie sich befinden – im Büro, zu Hause oder auf Reisen –, bauen Sie konsequent einige kurze körperliche und mentale Entspannungsübungen in Ihr Leben ein. Hier eine einfache, aber sehr wirkungsvolle Methode, die Sie bei Müdigkeitserscheinungen und Konzentrationsabfall im Sitzen, Stehen oder Liegen machen können:

Konzentrieren Sie sich zuerst etwa eine Minute lang auf sich selbst und achten Sie dabei auf Ihren Atem. Atmen Sie langsam tief ein und aus. Spannen Sie dann – vom Kopf ausgehend – nacheinander jeden Muskel Ihres Körpers kurz an und entspannen

1 Entspannen kann man überall: Geschäftsmann am Hafen von Barcelona.

2 Wenn der Nacken schmerzt, ist es Zeit, eine Pause einzulegen. Kneten und drücken Sie die Muskeln einige Minuten lang mit beiden Händen!

Sie ihn danach wieder. Wenn Sie bei Ihren Füßen angelangt sind, werden Sie sich wesentlich lockerer fühlen als zuvor.

Wenn sich Ihre Energie im Kopf gestaut hat, wirkt eine Kopfmassage Wunder. Sie können Ihre Kopfhaut mit allen zehn Fingern einige Minuten lang durchmassieren. Oder Sie greifen mit beiden Händen jeweils so viele Haare wie Sie fassen können, ziehen diese etwas nach oben und schieben so die Kopfhaut hin und her. Fünf Minuten später sind Sie hellwach – der Energiestau hat sich aufgelöst!

Eine andere Möglichkeit abzuschalten, ohne auch nur einen Finger zu krümmen, besteht darin, eine ⇢ **Fantasiereise** zu unternehmen. Konzentrieren Sie sich auch dabei zunächst auf Ihren Atem. Dann stellen Sie sich beispielsweise vor, Sie seien am Meer. Riechen Sie das Salzwasser, hören Sie das Rauschen der Wellen, fühlen Sie den warmen Sand unter Ihren Füßen, betrachten Sie den blauen Himmel. Lassen Sie die Glücksgefühle, die sich dabei einstellen, durch Ihren Körper strömen und genießen Sie diese Augenblicke voll und ganz.

⇢ **Fantasiereise**
Unserer Fantasie sind keinerlei Grenzen gesetzt, es sei denn, wir ziehen sie selbst. Wenn wir der Fantasie auch in unserem oft als grau und eintönig empfundenen Alltag mehr Platz einräumen, kann unser Leben wieder bunt und poetisch werden. Als wären die Gedanken magische Werkzeuge, mit denen wir die Realität formen und das Leben verändern können. Was heute noch Fantasie ist, kann morgen schon Wirklichkeit sein!

Fünf Tibeter – *ewige Jugend*

1

Im fortgeschrittenen Alter machte sich ein britischer Colonel namens Bradford auf den Weg nach Indien, um das Geheimnis ewiger Jugend zu suchen. Offensichtlich fand er es – denn einige Jahre später kehrte er als wesentlich jünger aussehender Mann zurück. Diese fantastisch klingende Geschichte motivierte ··· **Peter Kelder,** ein Buch über die „Fünf Tibeter" zu schreiben. Das sind eine Reihe von Energieübungen mit verjüngender und entspannender Wirkung, die aus einem abgelegenen Kloster im Himalaja stammen, das geheimgehalten wird.

Die Übungen, die Bradford von tibetischen Mönchen gelernt hatte, gab er an Europäer weiter. Man kann sie ohne großen technischen und zeitlichen Aufwand ausführen. Ziel der Übungen ist es, die sieben Chakras – unsere feinstofflichen Energiezentren – zu revitalisieren. Die Chakras werden angeblich mit zunehmendem Alter schwächer und verursachen den unerwünschten Alterungsprozess. Die Berichte über die Auswirkungen dieser Übungen klingen wundersam: Erschöpfungszustände lösen sich auf, chronische Müdigkeit und Depressionen verschwinden, der Energiepegel steigt stetig an. Selbst sexuellen Problemen soll man mithilfe der fünf Tibeter beikommen können. Wer die Übungen richtig und regelmäßig ausführt, fühlt sich insgesamt ausgeglichener und voller Energie und Lebensfreude.

Alle fünf so genannten Riten sind gleich wichtig und sollten nacheinander geübt werden. Bei der ersten Übung – dem „Kreisel" – dreht man sich im Uhrzeigersinn. Dies dient der Schulung des Gleichgewichtssinns. Bei der „Kerze" werden die Bauchmus-

Das Wort „Chakra" kommt aus dem Sanskrit und bedeutet „Rad". Die sieben Hauptchakras von unten nach oben:
1. Wurzelchakra;
2. Milzchakra;
3. Nabelchakra;
4. Herzchakra;
5. Halschakra;
6. Stirnchakra;
7. Scheitelchakra.

··· **Peter Kelder** ist der Autor der „Fünf Tibeter", doch niemand weiß, wer sich hinter diesem Pseudonym verbirgt. Die englische Originalfassung „The Eye of Revelation" erschien bereits 1939.

Auch die moderne Wissenschaft beschäftigt sich intensiv mit der Umkehrung des Alterungsprozesses. Das Zauberwort lautet hier „Telomere". In diesen Endstücken der menschlichen Chromosomen „tickt die Uhr des Lebens".

Durch das Üben der „Fünf Tibeter“ werden die Chakras belebt.

Gebetsfahnen findet man überall im Himalaja, dem Ursprungsort der fünf Tibeter.

„Der Halbmond“ – diese Übung entspannt den Herzmuskel.

3

2

keln gestärkt, die Abwehrkräfte sollen gesteigert werden. Bei der dritten Übung – dem „Halbmond“ – wird insbesondere der Brustraum geweitet. Hier spielt die Tiefenatmung eine wichtige Rolle. Bei der „Brücke“ werden die Wirbelsäule aufgerichtet, der Solarplexus aktiviert und die Verdauung angeregt. Der fünfte und letzte Ritus – der „Berg“ – soll für einen klaren Kopf und positive Stimmung sorgen.

Wie die Riten im Einzelnen zu vollziehen sind, kann man in Kelders Buch nachlesen. Idealerweise sollte jeder Ritus täglich 21-mal ausgeführt, der Erfolg schon nach wenigen Wochen spürbar werden. Die Schwingung der Chakras wird intensiviert, der gesamte Energiefluss im Körper verbessert. Sowohl der grobstoffliche als auch der feinstoffliche Körper erfahren eine tiefe Entspannung – und selbst wenn man nicht real um Jahre verjüngt wird, kann man sich doch um einiges jünger und vitaler fühlen.

„Es gibt nur eine Möglichkeit herauszufinden, ob die fünf Riten bei Ihnen wirken oder nicht, und die besteht darin, sie ganz einfach zu versuchen. Probieren Sie sie aus, und geben Sie ihnen damit eine faire Chance, Sie zum Erfolg zu führen.“
Chris Griscom

Gebet – *den Geist erheben*

„Wir bauen Bilder vor dir auf wie Wände; sodass schon tausend Mauern um dich stehn.
Denn dich verhüllen unsre frommen Hände, sooft dich unsere Herzen offen sehen."
Rainer Maria Rilke

Ein Mönch, der in einem Kloster den Weinkeller betreute, war dem Rebensaft verfallen. Um seines Seelenfriedens willen bat er den Herrn in einem hastig dahin gemurmelten Gebet regelmäßig um Verzeihung. Eines Tages vergaß er allerdings zu beten. Da erschien ihm der Teufel und forderte sein Gebet ein. Der Mönch war zu Tode erschrocken – er begriff, dass er die ganze Zeit nicht zu Gott, sondern zum Teufel gebetet hatte. In dieser Anekdote steckt eine tiefe Weisheit. Denn ein Gebet, das aus egoistischen Motiven oder nur halbherzig gesprochen wird, ist kein Gebet, sondern ein sinnloses Ritual.

Ob Menschen in Kirchen die Hände falten, sich in einer Moschee verbeugen, an der Klagemauer in Jerusalem stehen, in hinduistischen Tempeln Shiva verehren oder in buddhistischen Klöstern Mantras rezitieren – ihnen allen ist gemeinsam, dass sie sich an eine höhere, unsichtbare Macht wenden.

Viele Menschen beten, um etwas für sich oder andere zu erbitten und suchen damit aktiv Gottes Hilfe. Andere beten nur, um ihr schlechtes Gewissen

Gläubige Juden verehren Gott an der Klagemauer in Jerusalem. Sie gehört zum Westteil des ehemaligen Tempelbezirks, der von Herodes dem Großen (37 v. Chr.–4 n. Chr.) ausgebauten Stadt.

1 Eine Pilgerin in Zoige, Osttibet, dreht eine Gebetsmühle.

2 Symbol christlicher Gläubigkeit: Am Rosenkranz werden die einzelnen Gebete abgezählt.

zu beschwichtigen. Häufig wird das Gebet auch als Zwiesprache mit Gott verstanden, insbesondere wenn die Vorstellung eines persönlichen Gottes besteht. Die Kommunikation mit der göttlichen Welt sollte immer eine bewusste sein – denn Beten setzt auch eigene Energie frei, zumindest in dem Sinn, dass eine Anrufung stattfindet, die von der Energie des Betenden genährt wird.

Doch welche Einstellung man auch immer zum Beten haben mag – selbst Kritiker erkennen, dass durch das Gebet eine Erhebung des Geistes erfolgt. Lauscht man etwa dem lauten Gebet einer größeren Gruppe, glaubt man die besonderen Kräfte zu spüren, die dabei frei werden. Hat man je einen Muezzin von einem Minarett zum Gebet aufrufen hören, weiß man, dass allein durch diese Aufforderung die Aufmerksamkeit in eine andere Richtung gelenkt wird – weg vom Alltäglichen, hin zum Erhabenen. Betrachtet man das Gebet als eine Handlung, durch die eine Öffnung des Herzens erfolgt, und ist man bereit, auf eine Botschaft im Herzen zu lauschen, kann das Gebet zu einer Meditation werden – die Begegnung mit dem Göttlichen findet dann im eigenen Innern statt.

Der berühmte amerikanische Hellseher Edgar Cayce (1877–1945), der ein sehr religiöser Mensch war, definierte das Gebet folgendermaßen: „Kurz gesagt, du wendest dich beim Gebet an das Göttliche in deinem Innern, das Göttliche außerhalb deines Ichs."

Gelebte Mystik – *vom Glanz erfüllt*

„Ich lebe gerne!" Ein erstaunliches Bekenntnis eines Menschen, von dem man es kaum erwartet hätte: ···> **Meister Eckhart** war, obwohl einer der bedeutendsten deutschen Mystiker, ein bodenständiger Mann. Häufig gelten diese Menschen nämlich als weltentrückte Ekstatiker, die sich permanent in Verzückung befinden oder von bedeutenden Visionen heimgesucht werden.

Dass dies ein Bestandteil mystischen Daseins ist, sei unbestritten. Es wird insbesondere an den Texten mittelalterlicher Mystikerinnen wie Mechthild von Magdeburg, Elisabeth von Schönau oder Hildegard von Bingen deutlich, die enthusiastisch von ihren Visionen berichten. Auch bei den Mystikern Johannes Tauler, Heinrich Seuse und Johannes vom Kreuz steht die unmittelbare Gotteserkenntnis im Vordergrund, die durch die Innenschau erlangt werden kann. Die Lehren aller Mystiker, gleich welcher Religion, zielen darauf ab, dass die Menschen sich in sich selbst versenken und dort die ···> **Unio mystica** erleben.

Wer dem mystischen Pfad folgt, wendet sich von den vielfältigen Reizen des Alltags ab und richtet seine Aufmerksamkeit auf sein Inneres. Meister Eckhart nannte es die Suche nach dem Urgrund, in dem das wahre Sein zu finden ist. Sufi Rumi schildert seine mystische Erfahrung so: „Ich schaute in mein eigenes Herz. An diesem Orte sah ich ihn. Er ist an keinem anderen Ort ..." Diese Worte drücken die Grunderfahrung aller Mystiker aus: dass Gott in keinem Himmel oder entfernten Ort, sondern nur im Urgrund des eigenen Herzens zu finden ist.

···> **Meister Eckhart**
Eckhart, um 1260 in Hochheim bei Gotha geboren, trat dem Konvent der Dominikaner in Erfurt bei und erhielt 1302 in Paris die Magisterwürde. 1323 wurde Eckhart nach Köln berufen, wo Erzbischof Heinrich von Virneburg schon bald einen Inquisitionsprozess gegen den vermeintlichen Ketzer einleitete. 1329 wurden 28 Lehrsätze Eckharts, der 1327 gestorben war, von Papst Johannes XXII. verdammt.

···> **Unio mystica**
Dieses Erlebnis ist das Ziel aller Mystiker. Der Weg zur „unio mystica" vollzieht sich stufenweise. Die erste ist die „via purgativa" – der Weg der Reinigung. Die zweite Stufe, die „via illuminativa", führt zur Erleuchtung und ist Voraussetzung für die „via unitiva" und die „unio mystica".

1 Berühmte Mystikerin des 11. Jahrhunderts: Hildegard von Bingen, Äbtissin eines Benediktinerklosters

2 Die Zelle des französischen Philosophen Blaise Pascal (1623–62) in der Abtei Port Royal des Champs

Doch diese Erfahrungen wurden vielen Mystikern gefährlich: So wurde der Sufi Halladsch, nachdem er die unio mystica erlebt hatte, „ungläubig für Gottes Religion“, den orthodoxen Islam, was ihn das Leben kostete. Auch Meister Eckhart wurde wegen seiner unorthodoxen Lehren der Ketzerei angeklagt und entging nur durch seinen natürlichen Tod der ihm drohenden Exkommunikation.

→ „Das Tiefste, das wir erfahren können, sind die Offenbarungen der Mystik. Es ist das fundamentale Gefühl, das an der Wiege aller wahren Kunst und Wissenschaften steht. Wer es nicht kennt, kann sich nicht mehr wundern, er erlebt das tiefe Erstaunen nicht mehr, er ist so gut wie tot, eine erloschene Kerze.“
Albert Einstein

Solchen Gefahren sind unorthodoxe Gottessucher heute nicht mehr ausgesetzt. Wer den „inneren Weg“ gehen will – damit ist in allen Religionen verborgenes Wissen gemeint, das nur Eingeweihten zugänglich ist –, kann dies leichter denn je. Es ist jedoch das Kennzeichen eines wahren Mystikers, dass er nicht viel Aufhebens von sich macht. So erfüllt er zwar weiterhin seine alltäglichen Pflichten und lebt in der Welt, doch er ist nicht mehr ganz von dieser Welt. Er verfolgt seine wahre Lebensaufgabe, die er darin sieht, mit Gott eins zu werden. Der große Mystiker Halladsch drückte es so aus: „Ich bin der, den ich liebe, und der, den ich liebe, ist ich.“

Ikebana – *der Weg der Blumen*

„Abend im Herbst. Auf einem dürren Ast hockt eine Krähe."
Bashô

Ikenobō
Die erste feste Stilform des Ikebana entstand in der Mitte des 15. Jh.s durch die Meister der Ikenobō-Schule. Der Kaiser hatte diese Schule mit dem Titel „Stammhaus der Blumenlehre" ausgezeichnet. Eine ihrer Kompositionen ist heute als Rikka bekannt und besteht aus einem großen Hauptzweig, um den herum kleinere Äste, Gräser und Blumen in einer Vase arrangiert sind.

Die Kunst des Blumensteckens ist nicht nur Ausdruck spiritueller Sammlung, sondern auch ein Mittel der Meditation und Entspannung. Denn ein ästhetisches, harmonisches Blumengesteck kann nur dann entstehen, wenn das Qi – die im Kosmos zirkulierende Lebensenergie – frei durch die Hände des Ikebana-Künstlers fließt und er ruhig und konzentriert bei der Sache ist.

Das Blumenstecken gehört zu den traditionellen Künsten Japans. Seine Wurzeln liegen im 6. Jahrhundert, als der Buddhismus über Korea nach Japan gelangt war, und entstammen dem alten religiösen Brauch, Blumen auf dem Altar zu opfern. Während die Blumen zunächst zwanglos arrangiert wurden, entwickelte sich allmählich eine ästhetischere Form, die von Priestern – den so genannten **Ikenobō** – als eine Art Geheimkult von einer Generation an die nächste weitergegeben wurde. Zu Berühmtheit gelangte das künstlerische Zentrum des Zen-Ästheti-

Komposition aus Lilien und Zweigen – freie Form eines Moribana, bei dem die Pflanzen in einer Schale arrangiert werden.

kers Ashikaga Yoshimasa (1436–90), dessen Mittelpunkt der „Silberpavillon“ war. Der Felsengarten, der ihn umgibt, stammt von dem Maler und Zen-Priester Soami, einem der berühmtesten Gartenkünstler Japans, der mit Yoshimasa zusammengearbeitet hat.

Wenn Sie sich in der Kunst des Ikebana versuchen möchten, brauchen Sie außer Gelassenheit, Konzentration und Liebe zur Ästhetik eine Grundausrüstung: eine Schale mit flachem Boden (am besten aus Keramik), ein Kenzan (Blumenigel mit Stahlstiften) und eine Ikebana-Schere.

Inzwischen gibt es verschiedene Ikebana-Stile, die exakten Regeln folgen. Zu den Grundformen zählen: Rikka, Shoka, Nageire (in Vasen arrangiert) und Moribana (in Schalen); daneben gibt es viele Sonder- und Zwischenformen. Ein moderner, freier Stil, der als Jiyuka bezeichnet wird, integriert auch moderne Skulpturen. Doch alle Ikebana-Schulen sind sich darüber einig, dass die Blumenkunst komprimierter Ausdruck der Beziehung des Menschen zur Natur ist. Ikebana ruht auf drei Säulen: Shin (Gott, Herz, Wahrheit, Mitte, Himmel), Soe (das zum Shin Gehörende, Erschaffen, Mensch) und Hikae (das sich Zurückhaltende, das andere zur Geltung Bringende, Erde).

Jahrhundertelang wurde Ikebana von Männern ausgeübt. Lediglich die in den Künsten bewanderten Kurtisanen bildeten eine Ausnahme. Doch mit der Öffnung zum Westen veränderte sich auch die Ikebana-Tradition. Im 20. Jh. entwickelte die Ohara-Schule um Unshin Ohara einen neuen Stil, bei dem flache Schalen sowie westliche Blumen verwendet wurden.

Wer den Weg des Zen geht, stößt auch hier auf die Tradition des Blumensteckens. Ikebana wird im Zen als Kadō – der Weg der Blumen – bezeichnet und als meditative Übung betrachtet, bei der der Geist zur Ruhe kommt. Beim Arrangieren von Blumen können Zen-Attribute wie Achtsamkeit, Aufmerksamkeit, Stille und das wache Dasein im Hier und Jetzt erlernt werden. Neben den sichtbaren Blumenarrangements entstehen auch unsichtbare „geistige Blüten“ – aber nur, wenn die richtige innere Haltung vorhanden ist. Im Zen gilt als wahre Kunst, was aus der Absichtslosigkeit heraus entsteht – der Weg der Blumen bietet eine Möglichkeit, diese Haltung zu erlernen.

Intuitiv leben – *die innere Stimme*

Intuitive Erkenntnisse stammen nicht von dieser Welt. Das wussten bereits mittelalterliche Mystiker wie Meister Eckhart oder Nikolaus von Cues, denen die Gotteserkenntnis in tiefer Versenkung intuitiv zuteil wurde. Vom ···> **diskursiven Denken,** das eine Domäne der Philosophen ist, hielten diese frommen Männer wenig.

Der griechische Philosoph Sokrates sah es nüchterner: Er war der Meinung, dass alles Lernen im Grunde nur ein Wiedererinnern der Seele sei und nichts neu gelernt werden müsse. So verhält es sich auch mit der Intuition: Sie ist stets vorhanden und wartet nur darauf, von uns entdeckt zu werden. Lassen wir uns von ihr leiten, kann unser Leben eine ganz neue Dimension bekommen: Es wird ruhiger und aufregender zugleich. Ruhiger, weil wir in unserer Mitte ruhen. Abenteuerlicher, weil wir aus dem Ozean der geistigen Welt schöpfen!

„Hätte ich doch nur auf meine innere Stimme gehört!“. Wie oft haben wir das schon gesagt, wenn wir eine falsche Entscheidung getroffen oder eine Chance unwiderruflich verpasst haben. Dann nehmen wir uns vor, in Zukunft eine Vorahnung ernst zu nehmen, einem ungewöhnlichen Traum Beachtung zu schenken oder eine unkonventionelle Idee nicht gleich zu verwerfen. Ob wir dann in den entscheidenden Momenten nicht doch wieder auf unseren rationalen Verstand hören, ist die große Frage. Dabei kann das Beachten oder Ignorieren einer Vorahnung bisweilen sogar über Sein oder Nichtsein entscheiden oder unser Leben zumindest weitreichend beeinflussen.

···> **Diskursives Denken**
Die diskursive Erkenntnis gelangt schrittweise von einem Gegenstand zum nächsten, während die intuitive Erkenntnis den Gegenstand unmittelbar erfasst.

Testen Sie, welchem Intuitionstypus Sie angehören – dem mentalen, kinästhetischen oder emotionalen! Mental intuitive Menschen erhalten Informationen in Form von Gedanken, emotional intuitive über ihr Gefühl und kinästhetisch intuitive über körperliche Empfindungen. Bei den meisten Menschen sind die drei Grundformen gemischt.

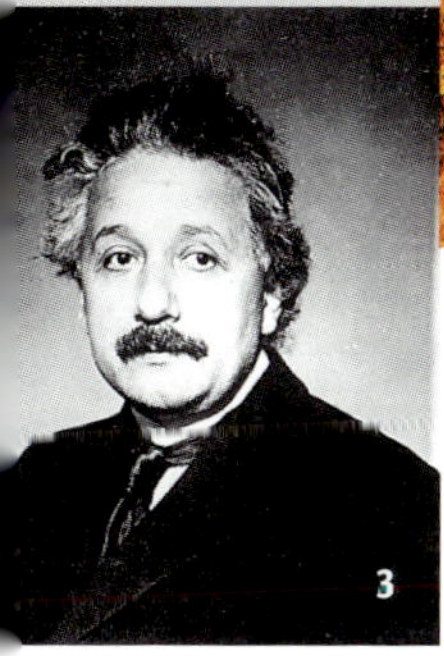

1 Wer intuitiv ist, lebt spontan und steckt voller guter Ideen.

2 Eingebung in Form von Bildern: Charles Dickens auf einem Gemälde von R. W. Buss

3 Genial und intuitiv – Albert Einstein, der Erfinder der Relativitätstheorie

Nehmen wir an, Sie möchten in Urlaub fahren – eigentlich wie immer ans Meer. Während Sie bereits beim Buchen sind, schießt Ihnen plötzlich der Gedanke durch den Kopf, dass Sie doch auch einmal in die Berge fahren könnten. Gedacht, getan! Dort lernen Sie dann einen Menschen kennen, der für Sie enorm wichtig ist und Ihr weiteres Leben grundlegend verändert. Hätten Sie nicht auf Ihre Intuition gehört, hätten Sie diese Chance verpasst!

Wenn die Intuition eine so große Rolle in unserem Leben spielt, läge es doch nahe, dieses großartige Potenzial gezielt zu entfalten. Bis zu einem gewissen Grad kann man die intuitive Wahrnehmung tatsächlich trainieren. Diese Erkenntnis wird sowohl in modernen Management-Seminaren wie in Kreativ- und auch Meditationskursen eingesetzt. Allerdings lässt sich Intuition nicht erzwingen, sie ist kein Zustand des Habens, sondern des Seins.

→ „Den ersten Satz schreibe ich auf, und für den zweiten überlasse ich mich dem Allmächtigen.“
Laurence Sterne

Jahreszeiten – *Rhythmus der Natur*

„Hasen, die springen, Lerchen, die singen, werden sicher den Frühling bringen."
Alte Bauernregel

„Panta rhei"– „alles fließt", stellte der griechische Philosoph Heraklit (550–480 v. Chr.) schon vor zweieinhalbtausend Jahren fest. Der große Denker, dem Aristoteles den Beinamen „der Dunkle" gegeben hatte, lehrte, dass es im Leben nichts Bleibendes, sondern nur ein fortwährendes Werden gibt. So wie ein Fluss, fließt auch alles Leben dahin.

Die vier Jahreszeiten sind ein Symbol für dieses ewige Werden und Vergehen. Jede Jahreszeit hat eine besondere Qualität und verkörpert kosmische Prinzipien, die auch dem Menschen innewohnen.

Den Rhythmus der Jahreszeiten findet man auch im astrologischen ⇢ **Tierkreis** wieder, der auf Himmelsbeobachtungen unserer Vorfahren zurückgeht. Dort entsprechen die Sternzeichen Widder, Stier und Zwillinge dem Frühjahr, Krebs, Löwe, Jungfrau dem Sommer, Waage, Skorpion, Schütze dem Herbst und Steinbock, Wassermann und Fische dem Winter. Im Frühjahr geborene Menschen gelten als dynamischer als Herbst-Kinder. So wie

Astrologischer Tierkreis von Giovanni Battista Agnese, 16. Jh.; Venedig. Der Tierkreis ist in zwölf Häuser eingeteilt, die den in der Natur vorkommenden Elementen Feuer, Wasser, Luft und Erde zugeordnet sind.

1 Winterfreuden: Man kann jede Jahreszeit genießen.

2 Herbst – die Zeit der Ernte. Dieser Weinbauer lässt sich seine Trauben schmecken, bevor sie zu Wein verarbeitet werden.

sich im Herbst die Natur allmählich zurücknimmt, tendieren – der Astrologie zufolge – auch im Herbst geborene Menschen zur Introversion.

Da Mikrokosmos und Makrokosmos miteinander verbunden sind, wirken die kosmischen Kräfte auch auf den Menschen ein. Wenn wir die Natur als unsere Lehrmeisterin akzeptieren und im Rhythmus der Jahreszeiten mitschwingen, kommt unser Leben zur Ruhe. Denn wir begreifen, dass alles seine Zeit hat. Wir können – symbolisch betrachtet – nicht immer im Sommer leben, also ununterbrochen in Höchstform sein. Aber auch ein ständiger Winterschlaf, frühlingshafte Kreativität oder herbstliche Metamorphose sind nicht dauerhaft zu verkraften.

Mithilfe einer Jahreszeiten-Meditation können wir dem Prozess des Werdens und Vergehens näher kommen: Stellen Sie sich Ihren Lieblingsbaum vor. Lassen Sie das Bild, das vor Ihrem inneren Auge entsteht, auf sich wirken. Visualisieren Sie ihn in allen vier Jahreszeiten, und achten Sie darauf, welche Empfindungen jedes Bild in Ihnen auslöst. Betrachten Sie den Baum als Symbol für Ihr eigenes Leben, und akzeptieren Sie dessen Umwandlungsprozesse.

→ **Tierkreis**
Bei den Tierkreiszeichen handelt es sich um zwölf symbolische Figuren, die sich unsere Vorfahren am Himmel vorstellten und aus denen sie ein göttliches Buch der Tiere schufen. Der Tierkreis, wie wir ihn heute kennen, nahm gegen Anfang des zweiten vorchristlichen Jahrhunderts Gestalt an. Auf chaldäischen Tafeln, die aus dem 12. Jh. v. Chr. stammen, sind bereits die uns heute bekannten Tierkreiszeichen abgebildet.

Jogging und Walking

Walken im Freien ist ideal, um Stress abzubauen, mit sich ins Reine zu kommen und die Natur zu genießen: frische Luft, Farben und Gerüche – alles geeignet, um leere „Batterien" aufzuladen.

Bei den Inkas, die weder Pferd noch Wagen kannten, wurden Nachrichten innerhalb weniger Tage übermittelt, wenn es sein musste, von Nordchile nach Südkolumbien – im Laufschritt. Auch von Eingeborenen in Afrika wird berichtet, dass sie in schnellem Lauf, speerbewaffnet, tagelang eine Gazelle verfolgen können, um diese schließlich zu erlegen – ohne größere Erschöpfungserscheinungen (beim Jäger, versteht sich). Und bei uns verzichtet manch einer noch nicht mal auf dem kurzen Weg zum Bäcker aufs Auto.

Dabei gibt es nichts Besseres als Laufen – oder Joggen: Es bringt den Kreislauf in Schwung, versorgt die Zellen mit Sauerstoff, verleiht Kondition und wirkt sich positiv auf die Psyche aus. Denn mit den Kilometern bleiben nicht nur die Sorgen auf der Strecke – Wissenschaftler haben nachgewiesen, dass Bewegung vermehrt Glückshormone freisetzt.

Doch seit Sportärzte vor Verschleißerscheinungen der Fuß-, Knie- und Hüftgelenke warnen, hat

1

2

1 Den Sorgen davonlaufen: Joggen ist Balsam für die Seele.

2 Für alle, denen Laufen zu anstrengend ist: Auch Walken ist gut für die Gesundheit und trägt zur Entspannung bei.

der Sport an Popularität verloren. Vielleicht spielte dabei auch eine Rolle, dass sich in der Zwischenzeit der „kleine Bruder" des Joggings an die Öffentlichkeit gewagt hat – das gemäßigtere „Walking".

Wem also Joggen zu anstrengend ist, der findet im Walking – auch „Sportgehen" – eine Alternative. Man braucht nur gute ⇢ **Walkingschuhe** – den Sport kann man fast überall ausüben. Ob man nun in einer langsameren Gangart durch die Stadt oder einen Park walkt oder ob man sich zu einer strafferen Wanderung in die Berge aufmacht – man tut etwas für die Gesundheit und das Aussehen, ohne sich dabei zu überfordern. Walken relaxt. Man kann es sogar als eine Art Meditation betreiben, bei der man sich ganz dem Gehen überlässt und störende Gedanken ausschaltet. Die Ellbogen sind dabei angewinkelt und schwingen im Laufschritt mit. Die Haltung ist aufrecht mit nach vorn gerichtetem Blick, die Knie sind leicht gebeugt. Die Schultern nicht nach oben ziehen, sondern locker hängen lassen!

Walkingschuhe
Was für einen Surfer das Surfbrett ist, sind für den Sportgeher die Schuhe. Walkingschuhe müssen unbedingt bequem sitzen. Sie dürfen nicht zu klein sein – zwischen dem längsten Zeh und dem Schuh sollte 1 cm Spielraum sein. Außerdem sind eine gute Polsterung und Dämpfung sowie ein intaktes Sohlenprofil wichtig.

Wer das Walken intensivieren möchte, kann mit kleinen Handgewichten dafür sorgen, dass die Schultern, die Arme und der gesamte Oberkörper ebenfalls durchtrainiert werden.

Am besten macht man sich ein Walking-Programm. Anfänger können pro Woche mit dreimal 20 Minuten einsteigen. Je nach Kondition kann man das Walken in jeder weiteren Woche um einige Minuten verlängern. Am besten orientiert man sich an der Atmung. Man sollte nicht aus der Puste kommen, aber auch nicht zu träge werden. Nebenbei kann man sehr gut Atemübungen machen: auf fünf einatmen, auf fünf die Luft anhalten und auf fünf ausatmen. Experimentieren Sie selbst, und finden Sie Ihren eigenen Rhythmus – Hauptsache, Sie fühlen sich hinterher fit und entspannt.

Kinesiologie – *lasst Muskeln sprechen*

1

„Jeder Mensch besitzt durch die seinem Körper innewohnende Intelligenz ein Potenzial zur Genesung."
George Goodheart

Mangelnde Bewegung, falsche Ernährung, aber auch psychische Probleme – das alles ist Stress für Körper und Seele. Und Stress schlägt sich in unserem Bewegungsapparat nieder – denn er blockiert unsere Energien und verursacht Verspannungen. Hier setzt die Kinesiologie (griechisch „Kinesis" = „Bewegung") an. Es handelt sich dabei um die Lehre von den inneren und äußeren Bewegungen des Menschen. Kennt man die Zusammenhänge zwischen Muskeln, Organen, Meridianen, Emotionen und Denkstrukturen, kann man mithilfe der Kinesiologie die Harmonie im menschlichen System wieder herstellen.

Diese Heilmethode verdanken wir dem amerikanischen Chiropraktiker George Goodheart, der die energetische Verbindung zwischen Muskeln und Meridianen entdeckte. 1946 begann Goodheart mit Muskeltests zu arbeiten und machte dabei die revolutionäre Entdeckung, dass die Verspannung eines bestimmten Muskels auf das Geschwächtsein eines anderen zurückzuführen ist. Da die Muskeln ein vernetztes System sind – an jeder Bewegung, die ein Muskel ausführt, ist ein anderer beteiligt – kam er auf die Idee, nicht den problematischen Muskel zu behandeln, sondern den auf der gegenüberliegenden Körperseite. Der Erfolg gab ihm Recht!

1965 fand Goodheart heraus, dass die Stimulierung von Meridianen und Akupunkturpunkten ebenfalls zur Stärkung schwacher Muskeln beitrug. Er integrierte diese Erkenntnis in seine Therapie und bezeichnete sein neues System von nun an als „angewandte Kinesiologie".

Die Anwendungsmöglichkeiten der Kinesiologie sind vielfältig. Bei folgenden Symptomen kann man durch Muskeltests und entsprechende Behandlung häufig schnell Abhilfe schaffen: emotionaler Stress, Erschöpfungszustände, Schlaflosigkeit, Depressionen, Kopf- und Rückenschmerzen, Nacken- und Schulterverspannungen, Lernblockaden.

1 Durch die Muskeln wird der Körper aktiv bewegt.

2 Der Muskeltest ist ein Rückmeldesystem für die Ursache von Beschwerden.

3 Mithilfe von Kinesiologie können Kopfschmerzen verschwinden.

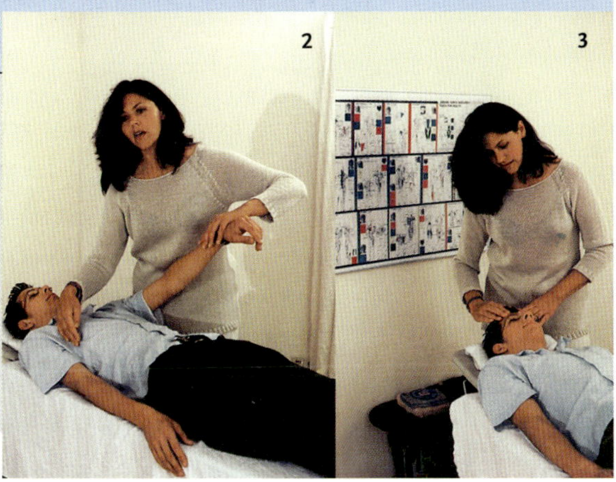

Zu einer Schwächung der Muskeln kommt es auch durch negative Gedanken und innere Konflikte sowie durch Stress und Bedrohungen! Diese Zustände werden vom Unterbewusstsein registriert und bewirken ein Nachlassen des **Muskeltonus**. Deshalb führt ein Kinesiologe bei seinem Klienten zuerst einen Muskeltest durch. Dabei geht es um die Einschätzung des Nervensystems, das die Muskelfunktion kontrolliert. Bei diesen Tests werden innere Blockaden deutlich.

Muskeltonus
Die Muskeln befinden sich stets in einem Zustand leichter Spannung. Dadurch wird der Körper aufrecht gehalten, und die Muskeln können rasch aktiv werden. Fließt die Lebensenergie frei durch die Muskeln, sind sie funktionstüchtig. Ist die Energie blockiert, wird der Muskel geschwächt.

Das kinesiologische Prinzip, dass ein Muskel unter positiven Bedingungen stark und unter negativen schwach ist, können Sie selbst testen! Stellen Sie sich aufrecht hin, strecken Sie Ihren rechten Arm aus, und denken Sie an etwas Angenehmes. Bitten Sie nun jemanden, Ihren Oberarm nach unten zu drücken. Vermutlich wird das nur unter großen Anstrengungen funktionieren! Stellen Sie sich dann etwas vor, das Ihnen Unbehagen bereitet, und lassen Sie Ihren Arm nochmals nach unten drücken. Jetzt können Sie weniger Widerstand entgegensetzen. Die Sprache der Muskeln ist bestechend präzise!

Klöster – *Orte innerer Einkehr*

⇢ **Mönch**
Der Begriff Mönch kommt vom Griechischen „monos, monachos“ und bedeutet „Einsamer“. Das mönchische Lebensideal existiert nicht nur im Christentum, sondern ist auch ein Bestandteil des Buddhismus, Taoismus, Konfuzianismus und des tibetischen Lamaismus.

Durch alle Jahrhunderte und Kulturen hindurch haben immer wieder Menschen freiwillig der Welt den Rücken gekehrt und ein mönchisches Leben geführt, das von Askese, Gebet, Kontemplation und Meditation geprägt war.

Wie es den ersten ⇢ **Mönchen** erging, die sich als Einsiedler oder Wanderasketen in Wüstengebiete zurückzogen, um dort dem Heiligen zu dienen, lässt sich heute nicht mehr sagen. Doch offenbar war die Einsamkeit kein paradiesischer Zustand, denn mit der Zeit entstanden Ansiedlungen von Gleichgesinnten, in denen eine gemeinschaftliche Lebensform gepflegt wurde. Als kultiviertes „Endprodukt“ dieser Lebensform können die Klöster gelten – Orte der inneren Einkehr, in denen sich Mönche und Nonnen ungestört der Gottessuche widmen konnten. Das Leben des heiligen ⇢ **Benedikt von Nursia,** der als „Vater“ abendländischen Mönchtums gilt, ist ein Beispiel dafür. Im Alter von 20 Jahren verließ er Rom, das ihm zu lasterhaft erschien, und zog sich

1 Der Kreuzgang des Zisterzienserklosters Maulbronn, Baden-Württemberg

2 Klostergärten waren von jeher Stätten der Kontemplation, Muße und Erbauung – ein Paradies für Mönche.

in eine Höhle bei Subiaco zurück. Als Benedikt von einer Eremitengemeinde gebeten wurde, ihr Vorsteher zu werden, willigte er ein, kehrte jedoch in seine Höhle zurück, nachdem ein Mönch versucht hatte, ihn zu vergiften. Um 529 errichtete er auf dem Berg Montecassino ein Kloster für eine größere Gemeinschaft. Es wurde zum Ausgangspunkt des Benediktinerordens, des ältesten westlichen Mönchsordens.

Benedikt von Nursia Der heilige Benedikt (um 480–547) stammte aus Nursia, dem heutigen Norcia, in der Provinz Perugia. Die von ihm festgelegte Ordensregel – sie enthält 73 Punkte – setzte sich im 8. Jh. als bestimmende Norm für das klösterliche Leben im Abendland durch. Gregor der Große, der 590 zum Papst gewählt wurde, war der erste heilige Vater, der aus dem Benediktinerorden kam. 1964 erklärte Papst Paul VI. Benedikt zum Schutzpatron Europas.

Wie zu Benedikts Zeiten hat auch heute jeder Orden und jedes Kloster sein spezielles „Energiefeld“, das durch die jeweiligen Klosterregeln aufgebaut wird. Und eben dieses „Energiefeld“ ist es, was in unseren Tagen Klöster – als vorübergehendes Refugium – auch für Menschen attraktiv macht, die mitten im Leben stehen und sich nicht völlig von der Welt abkehren möchten. Hier kann man sich einige Zeit auf sich selbst und die eigentlichen Werte des Lebens besinnen, um seine innere Mitte wieder zu spüren. Das Angebot reicht von traditionellen christlichen Exerzitien, wie Schweigeklausuren, über strenge Zazen-Übungen bis zu körperorientierten Methoden wie Tai Chi.

Wer sich aus dem Alltagsleben zurückziehen möchte, auf der Suche nach Gott ist oder einfach nur für eine Weile Ruhe sucht, um zu sich selbst zu finden – für den sind Klöster der richtige Ort. Nach Tagen der Muße, des Schweigens, der Meditation, des Sich-Besinnens, des Sich-Spürens wird man gelassener und reifer in das hektische Treiben der Welt zurückkehren. Vielleicht hat man dabei auch gelernt, sich im Alltag einen Ort des Rückzugs zu schaffen, an dem man sich regenerieren kann.

„Fürwahr, der Mensch kann Gott nichts Lieberes bieten als Ruhe.“ *Meister Eckhart*

Kneipp – *mehr als kalte Güsse*

1

Hydrotherapie
Mit Wasseranwendungen werden über die Haut Temperaturreize vermittelt, die nicht nur die Abwehrkräfte stärken: Sie wirken auch ausgleichend auf Herz, Kreislauf und Nerven. Die Therapie wird auf die Patienten individuell abgestimmt.

Wenn Sie müde und gestresst sind, können Sie sich mit einem kalten Gesichtsguss auffrischen. Drehen Sie den Brausekopf ab und führen Sie den kalten Wasserstrahl von der rechten Schläfe zum Kinn und von dort hinauf zur linken Schläfe. Dann einige Male längs und quer über Gesicht und Stirn.

Von Beruf war er eigentlich Pfarrer. Doch zu Ruhm kam Sebastian Kneipp (1821–97) als einer der ersten ganzheitlich arbeitenden „Wunderdoktoren". Seine Therapien – kalte Wassergüsse, Barfußlaufen im nassen Gras, Wasser oder Schnee – waren simpel. Trotzdem wurde er zunächst als Kurpfuscher verfolgt und sogar angezeigt. Doch der unorthodoxe Heiler aus Bad Wörishofen setzte sich durch: 1888 eröffnete er das erste Badehaus, 1890 gründete er den Kneipp-Verein.

Mit seinen Wasseranwendungen, der **Hydrotherapie,** linderte Kneipp die vielfältigsten Leiden, von Lungenkrankheiten und Leberentzündungen über Nierenkoliken und Rheuma bis hin zu Cholera und Gelbsucht. Heute wird die Therapie des „Wasser-Doktors" vor allem bei chronischen Infektionen, Immunschwäche und Zivilisationsleiden wie Migräne und Nervenproblemen eingesetzt. Doch die Güsse, die heißkalten Fußbäder, die Wickel und das berühmte Wassertreten sind nur eine der „fünf Säulen", auf denen die Kneippsche Therapie ruht. Die restlichen vier sind die so genannte Ordnungs-, Ernährungs-, Bewegungs- und Heilpflanzentherapie.

Bei der Ordnungstherapie, dem übergeordneten Prinzip, soll man das Gleichgewicht zwischen Aktivität und Ruhe finden. Durch verschiedene Entspannungstechniken, wie Atemübungen, Meditation und Yoga, schafft man Raum für Muße.

Die Bewegungstherapie geht davon aus, dass körperliche Aktivität Stress abbaut. Pfarrer Kneipp empfahl Schwimmen, Wandern, Barfußlaufen und Gymnastik, um den Bewegungsapparat fit zu halten.

Die Heilpflanzentherapie dient der Unterstützung der Wasseranwendungen. Die Kräuter werden in Tees, Tinkturen und Ölen verabreicht und als Zusätze bei Bädern, Wickeln und Inhalationen verwendet.

Was die Ernährungstherapie anbetrifft, hatte Kneipp schon damals Erkenntnisse, die die moderne Wissenschaft erst wieder entdecken musste – dass eine ausgewogene Vollwertkost aus frischen Produkten den Körper mit den nötigen Vitaminen, Spurenelementen und Mineralstoffen versorgt.

Für einen Ganzkörperguss schraubt man den Brausekopf von der Dusche ab und benutzt nur den Schlauch. Man braucht einen Lattenrost, damit die Füße nicht im kalten Wasser stehen. Zuerst duscht man warm, denn der Körper darf nicht ausgekühlt sein. Mit den kalten Güssen beginnt man am rechten Bein und geht dann über zum linken. Danach kommen die Arme, zum Schluss Brust, Bauch und Rücken. Bei mehrmaligen Wiederholungen sollte man mit einem kalten Guss abschließen.

1 Pfarrer Kneipp war Visionär und Menschenfreund

2–4 Aquapower à la Kneipp: Ob Sie Wasser treten, die Arme kühlen oder einen Ganzkörperguss genießen – Sie fühlen sich fit und stärken das Immunsystem.

Koan – *„Erleuchtung ist ein Witz“*

Zen-Meister Suiwo, der aus der Schule des berühmten ⇢ **Hakuin** stammt, gab einem Schüler eines Tages folgendes Koan: „Höre den Klang deiner Hand.“ Drei Jahre, zwei Wochen und einen Tag meditierte der Schüler darüber. Dann erlangte er die Erleuchtung.

Um die Mitte des 12. Jahrhunderts wurde ⇢ **Zen** als spirituelle Disziplin in Japan populär. Die Zen-Praxis erfordert eine eiserne Disziplin und viel Ausdauer, und nur wer diese Tugenden besitzt, wird erfolgreich sein. Das Koan ist ein Bestandteil der Zen-Meditation. Es handelt sich dabei um eine scheinbar paradoxe Aufforderung oder Frage, die beispielsweise lauten könnte: „Wie klingt das Klatschen einer einzelnen Hand?“

Ein Zen-Meister – auch Roshi genannt – gibt seinem Schüler ein Koan, über dessen Bedeutung er meditieren soll. Allein mit dem Verstand ist dieser Ausspruch nicht zu begreifen, ist diese Frage unmög-

⇢ **Hakuin**
Der legendäre japanische Meister der Koan-Meditation – er lebte von 1685 bis 1768 – war auch ein begnadeter Kalligraph und Dichter.

1 Wie die Blätter einer Lotosblüte öffnet sich der Geist bei der Meditation.

2 In der freien Natur zu meditieren kann besonders intensiv sein. Die Stille trägt dazu bei, den Geist zu „bündeln“.

lich zu beantworten. Doch das ist auch nicht der Sinn der Sache. Vielmehr soll mithilfe eines Koans das starre Denken des Schülers aufgebrochen werden, sodass sich ihm neue Dimensionen erschließen. Ziel ist die Erkenntnis der Einheit allen Seins, jenseits logischer Aussagen und formaler Widersprüche. So könnte die Frage nach dem Klang des Klatschens einer Hand etwa folgenden Denkprozess in Bewegung setzen: Klatschen kann man nur mit zwei Händen, also ist der Klang einer Hand Stille. Dann aber bedeutet Stille die Abwesenheit von Klang. Ist das so? Klang und Stille, Bewegung und Stillstand, Höhe und Tiefe – sind das Gegensätze oder einfach nur unterschiedliche Aspekte ein und derselben Sache? Was bedeutet „gleich“, was „unterschiedlich“? Oft meditiert ein Zen-Schüler jahrelang über ein einziges Koan, um zu einem Erleuchtungserlebnis zu gelangen, wie obige Anekdote zeigt. Hat der Schüler ein Koan gelöst, bekommt er in der Regel ein neues.

Wenn Sie ohne die Hilfe eines Lehrers meditieren möchten, wählen Sie am besten ein Koan aus der Sammlung „Mumonkan“ oder „Hekiganroku“ aus.

Zen
Der japanische Ausdruck „Zen“ bedeutet Meditation. Er leitet sich von dem chinesischen Wort „Ch'an“ ab, das auf den Sanskrit-Begriff „Dhjana“ zurückgeht.

Das Geheimnis eines Erleuchtungserlebnisses bei der Koan-Meditation liegt darin, dass die Antwort – die Lösung des Rätsels – tief aus dem Inneren aufsteigt und rein intuitiven Charakter hat. Der Schüler erkennt die Antwort urplötzlich, ohne zu begreifen, wie er zu diesem Wissen gekommen ist.

Der Zen-Meister gibt dem Schüler ein Koan, das zu diesem Zeitpunkt das richtige für ihn ist. Richtig in dem Sinne, dass der Schüler es bei aufrichtigem Bemühen lösen kann.

Obwohl es im Grunde genommen dem Charakter eines Koans widerspricht, niedergeschrieben zu werden, existieren zahlreiche Koan-Sammlungen. Zu den umfangreichsten gehören das „Mumonkan“ (Die torlose Schranke) und das „Hekiganroku“ (Niederschrift von der blaugrünen Felswand). Beide Werke wurden in zahlreiche Sprachen übersetzt.

Kreativität – *aus dem Vollen schöpfen*

Hier einige Tipps, wie Sie Ihrer Kreativität auf die Sprünge helfen können:

1. Geben Sie eingefahrene Denkweisen auf, und suchen Sie neue Horizonte.
2. Verfeinern Sie Ihre Wahrnehmung, und werden Sie sensibler für sich und Ihre Umwelt.
3. Hören Sie nie auf zu lernen, sondern bleiben Sie offen für Neues.
4. Seien Sie nie zufrieden. Suchen Sie stets nach noch besseren Lösungen.
5. Hören Sie auf Ihre Intuition.

Kreativitätsforschung Der ungarische Kreativitätsforscher Mihaly Csikszentmihalyi gilt weltweit als Fachmann für Kreativitätsfragen. Er vertritt die These, dass schöpferische Kraft ein kulturelles Produkt ist. Was im Kopf eines Individuums passiert, sei nur ein kleiner Teil eines ganzen „Kreativitäts-Flows", den jedes Individuum sozusagen „anzapfen" kann.

Wie Kreativität unser Leben verändern kann, zeigt folgende Geschichte über den österreichischen Schriftsteller Gustav Meyrink (1868–1932): Kaum war er im Besitz eines Autos, träumte seine Frau ständig davon, dass sie beide einen Unfall haben würden. Schon fast entschlossen, das Auto wieder abzustoßen, änderte er die Sitzordnung im Wagen so, dass sie vom Traum seiner Frau abwich: Saß Meyrink vorher hinten, neben seiner Frau, setzte er sich nun nach vorne, neben den Chauffeur. Tatsächlich kam es an der geträumten, von seiner Frau exakt lokalisierten Stelle, zu einem Unfall, der allerdings sehr glimpflich ablief. Handelte es sich dabei um eine glückliche Fügung? Oder um eine glückliche Verbindung von Intuition und kreativer Schicksalsüberlistung?

Nicht nur Künstler sind kreativ – in jedem Menschen schlummert ein verborgenes schöpferisches Potenzial, das meist nur brachliegt. Natürlich wird nicht aus jedem Menschen ein Genie wie Leonardo da Vinci, Dante Alighieri oder Pablo Picasso. Doch wer seine Kreativität zum Fließen bringt – sei es durch Malen, Schreiben, Kochen, Tanzen, Singen –, führt bestimmt ein glücklicheres und interessanteres Leben.

Dies hat jedenfalls die moderne **Kreativitätsforschung** herausgefunden, die auch mit dem Vorurteil aufgeräumt hat, dass man künstlerisches Talent in die Wiege gelegt bekommt – oder eben nicht. Diese These ist heute nicht mehr haltbar, denn Kreativität ist – bis zu einem gewissen Grad – erlernbar. Genau gesagt: Man kann lernen, sie freizusetzen und zu

1 Echte Kreativität kann sich an vielen Orten auch spontan entfalten.

2 Gustav Meyrink, Autor mystisch-kabbalistischer Dichtung, sinniert über einem noch leeren Blatt.

nutzen. Machen Sie einen kleinen Test, und beantworten Sie folgende Frage: Sind Sie besonders sensibel, flexibel, offen, verspielt, risikofreudig, neugierig und humorvoll? Wenn ja, sind Sie höchstwahrscheinlich ein besonders kreativer Mensch. Falls Ihnen das nicht bewusst ist, sollten Sie sich auf Kreativitätsblockaden hin „abklopfen". Was hindert Sie daran, schöpferisch zu leben? Angst vor Kritik? Angst aufzufallen? Angst zu versagen und doch nicht der tolle Dichter, Maler oder Musiker zu sein, der man gerne wäre?

Was immer auch aus Ihrem Inneren zum Vorschein kommen mag: Fixieren Sie Ihre Blockaden schriftlich, und wandeln Sie negative „Glaubenssätze" wie etwa „Ich werde nie ein gutes Bild malen", in positive um, wie „Ich werde es einfach mal versuchen und bin gespannt, was entsteht, wenn ich male". Ein unter dieser Prämisse entstandenes Bild gefällt Ihnen sicher – auch wenn es technisch nicht perfekt ist. Denn es zeigt einen Teil Ihres inneren Wesens, der Ihnen zuvor vielleicht noch unbekannt war.

→ „Sie müssen herausfinden, woran Sie interessiert sind. Die meisten Menschen wachsen auf in der Vorstellung, ihre Art zu leben sei die einzig mögliche. Weil sie daran gewöhnt sind, weil die Gene, die Eltern und die Schule sie dazu gezwungen haben."
Mihaly Csikszentmihalyi

Kunst betrachten

Suchen Sie sich ein Gemälde aus, das Ihnen besonders gut gefällt und üben Sie daran das „entdeckende Sehen“! Lassen Sie sich Zeit – Sie können sich wochenlang mit einem Bild beschäftigen. Schreiben Sie auf, was Sie entdecken und wie sich Ihre Wahrnehmung verändert.
Eine derartige Beschäftigung mit einem Gemälde kann Meditation und Achtsamkeitsübung zugleich sein.

„Die Kreativität beginnt mit dem Sehen“. Dieser Ansicht war jedenfalls der französische Maler Henri Matisse (1869-1954), der sich zu den Freunden von Pablo Picasso zählen durfte. Ein Künstler sieht in der Tat anders als der normal Sterbliche. Ob Dichter, Maler oder Musiker – ein Künstler begreift die Welt von innen her, denn er verfügt über die Gabe des „entdeckenden Sehens“. Gelingt es ihm, das, was er entdeckt hat, in eine äußere Form zu bringen – ein Gedicht, ein Bild, eine Komposition – beginnt der Prozess der Kommunikation. Das Werk des Künstlers wird so zu einer Botschaft, die für andere hörbar, lesbar oder sichtbar ist.

Beim Betrachten eines Gemäldes besteht die Kunst also darin, eine ähnliche Kreativität zu entwickeln, wie sie der Maler bei seiner Arbeit verspürt. Wie der Künstler, sollte auch der Kunstliebhaber „entdeckend sehen“ und sich in die Welt des anderen hineinfühlen. Dass dieser Einfühlungsprozess nicht immer glücklich verläuft, zeigen die Worte des klassizistischen Malers Jean Auguste Dominique Ingres (1780-1867), die er 1839 niederschrieb: „Was soll in so barbarischer Zeit ein Künstler, der noch an die Griechen und Römer glaubt? Er muss sich zurückziehen. Und das tue ich. Keinen Pinselstrich mehr für dieses Publikum, das so wenig Sympathie für die edle Kunst hat. – Trotz allem liebe ich meine Kunst mehr als je ...“

„Gerade reine Kunst denkt so wenig an die ‚anderen‘ ... verfolgt überhaupt keine Zwecke, sondern ist einfach sinnbildlicher Schöpfungsakt, stolz und ‚ganz für sich‘!“
Franz Marc

Ingres verfuhr ziemlich rigoros mit dem – in seinen Augen – undankbaren Publikum. Doch auch wenn das Publikum ihn nicht versteht – ein wahrer Künstler folgt seiner inneren Berufung, da er keine andere Wahl hat. Für viele bedeutet dies ein kärgliches materielles Leben sowie – zumindest zu Lebzeiten – Verzicht auf Ruhm und Ehre.

⇛ „Ich strebe nach einer Kunst des Gleichgewichts, der Reinheit – einer Kunst, die weder beunruhigt noch verwirrt."
Henri Matisse

Wassily Kandinski (1866-1944), Mitbegründer der im Dezember 1911 in München gegründeten Künstlergemeinschaft „Blauer Reiter", schildert in seiner Abhandlung „Über das Geistige in der Kunst" das undankbare Schicksal des Künstlers: „Er sieht und zeigt. Dieser höheren Gabe, die ihm oft ein schweres Kreuz ist, möchte er sich manchmal entledigen. Er kann es aber nicht. Unter Spott und Hass zieht er die sich sträubende, in Steinen steckende schwere Karre der Menschheit mit sich immer vor- und aufwärts."

Vielleicht sollte man sich beim Betrachten eines Kunstwerks also nicht länger fragen, was es bedeuten soll, sondern sich ganz einfach „aufwärts ziehen" lassen. Man könnte Kunstwerke auch „als Blätter eines Tagebuchs" betrachten, wie es Picasso empfahl, und sie kunstvoll in den Teppich des eigenen Lebens weben.

1 In Florenz: Touristen bewundern die Paradiespforte mit den Bronzereliefs von Lorenzo Ghiberti (1378–1455).

2 Eine Kunstliebhaberin im „Stillen Museum" in Berlin

Labyrinthe – *kosmische Wegweiser*

„Die Welt ist ein Labyrinth, in dem die Seele des Menschen umherirren muss, bis sie erlöst wird.“
Hippolytus, 3. Jh. n. Chr.

Auch wenn Sie kein echtes Labyrinth betreten, können Sie mithilfe eines „Fingerlabyrinths“ in die Welt der Irrgärten eintauchen. Nehmen Sie als Vorlage ein Labyrinth Ihrer Wahl und folgen Sie den Linien mit dem Zeigefinger. Diese Übung hat eine entspannende und zugleich zentrierende Wirkung!

Heutzutage erleben Labyrinthe eine erstaunliche Renaissance. In aller Welt werden in Gartenanlagen und Vergnügungsparks Irrgärten errichtet, die dem Spaß und der Entspannung dienen. Einer der bekanntesten modernen Labyrinth-Designer ist der Engländer Adrian Fisher, der seit den 70er-Jahren Irrgärten entwirft.

Das Ungeheuer war halb Stier, halb Mensch und hatte schon viele Jünglinge und Jungfrauen getötet. Doch es schien unbesiegbar, weil es in einem Labyrinth hauste. Der Held Theseus schaffte es, ins Zentrum des Irrgartens vorzudringen und den Minotaurus zu töten. Dadurch rettete er sieben Jungfrauen und sieben Jünglingen das Leben. Den Rückweg fand Theseus mithilfe eines Fadens, den ihm die Königstochter Ariadne mitgegeben und mit dem er seinen Weg markiert hatte. Dem griechischen Mythos zufolge ließ König Minos vom legendären Baumeister Daedalus in Knossos das Labyrinth errichten, in das er den Minotaurus einsperrte.

Das Labyrinth ist ein universelles Symbol, das sich in den verschiedensten Formen und an den unterschiedlichsten Orten wiederfindet – in freier Landschaft als Stein- oder Gartenlabyrinth, in Kirchen als Bodenlabyrinth, auf antiken Vasen und an Kirchenportalen als künstlerisches Element. Im Altertum wurde es auch als Symbol für die Unterwelt betrachtet, in der gefährliche Kreaturen hausten, wie die Sage des Theseus zeigt. Wer imstande war, das Dickicht seines eigenen Unterbewusstseins – das Labyrinth – zu durchqueren und zu seinem Innersten vorzudringen, wurde zum Eingeweihten.

Wie einst Theseus, lässt sich auch heute jeder, der ein Labyrinth betritt, auf etwas Unbekanntes ein. Zwar gibt es ein Ziel, doch solange man es nicht erreicht hat, fühlt man sich in diesem Irrgarten, der auf einer tieferen Ebene die Selbstfindung des Menschen symbolisiert, verloren. Doch wer nicht aufgibt, der entdeckt die Bedeutung des Labyrinths.

1 Das Bodenlabyrinth in der Kathedrale von Chartres

2 Theseus und der Minotaurus – römisches Bodenmosaik

3 Moderne Computergrafik – virtuelles Labyrinth in 3-D

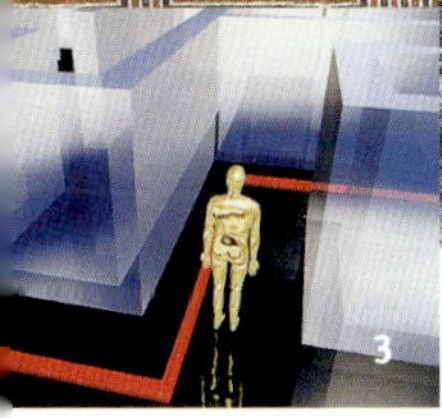

? Auf dem Fußboden der im Jahr 1260 geweihten Kathedrale im französischen Chartres befindet sich das größte noch erhaltene Kirchenlabyrinth. Es besteht aus elf konzentrischen Kreisen, der Durchmesser beträgt in beide Richtungen über 12 m, die Gesamtlänge der Wege etwa 294 m.

„Das Rätsel des Labyrinths enthüllt sich beim Gehen“, sagte bereits der heilige Augustinus. Auch in alten Kathedralen wie in Chartres, Amiens, Bristol, Cremona oder Ravenna befinden sich oft eindrucksvolle Labyrinthe. Im Christentum galten sie als Symbole für den Irrgarten des Lebens, dem man durch die Hinwendung zu Gott entrinnen konnte. Kirchenlabyrinthe dienten meist der Gehmeditation, doch es wurden auch rituelle Tänze auf ihnen durchgeführt. In der Kathedrale von Chartres wird diese Tradition heute wieder gepflegt. Auch in Finnland wurde in Labyrinthen getanzt. Einige dieser Steinlabyrinthe werden als „Jungfrudanser“ (Jungfrauentänze) bezeichnet: Bei diesem rituellen Spiel, das dem Vergnügen und der Entspannung dient, steht im Zentrum des Labyrinths eine Jungfrau, die die jungen Männer finden müssen.

Lachen – *Power fürs Immunsystem*

Der Volksmund sagts von alters her: Lachen ist die beste Medizin! Doch wie gesund es tatsächlich ist, weiß man erst, seit sich Lachforscher – ⇢ **Gelotologen** – dieses Phänomens angenommen und ihm damit wissenschaftlichen Status verliehen haben.

Lachen ist in jedem Fall weit mehr als nur ein harmloser Gefühlsausbruch. Es gilt heute vielmehr als wissenschaftlich erwiesen, dass Lachen zahlreiche positive Nebenwirkungen hat. So wird durch Lachen jede Menge Stress abgebaut, da die schädlichen Hormone Cortisol und Adrenalin gebremst werden. Stattdessen produziert der Organismus Glückshormone und bringt sie in Umlauf. Das verändert nicht nur die Stimmung, auch das kreative Potenzial wird durch Lachen wesentlich verbessert. Darüber hinaus stimuliert es die Heilkräfte des Körpers, indem es das Immunsystem stärkt.

⇢ **Gelotologe** kommt vom griechischen „gelos", das Lachen bedeutet. Die Vorläufer der Lachforschung liegen über 100 Jahre zurück: Damals beschäftigte sich der französische Neurologe Guillaume Duchenne de Boulogne mit dem Zusammenhang von spontanem Lächeln und Muskelbewegungen.

Lebensfreude der italienischen Renaissance: „Lachender Knabe" – Marmorbüste von Desiderio da Settignano (1428–1464)

1 Lachen schützt nicht nur das Immunsystem und hält gesund – es wirkt auch sympathisch und fördert die Kommunikation!

2 Ungebremste Lebensfreude – Kinder haben sie von Natur aus!

Letztere Erkenntnis wird in der Praxis bereits erfolgreich angewandt. In manchen deutschen Kliniken werden Krebspatienten erfolgreich mit Lachtherapie behandelt, und in einigen Krankenhäusern in den USA gibt es spezielle Unterhaltungsräume, in denen die Kranken auf heitere Gedanken gebracht und positiv gepolt werden. Angeblich soll auch die Schmerzschwelle durch das Lachen erhöht werden, da schmerztötende Substanzen im Körper freigesetzt werden. Herzhaftes Lachen wird von Medizinern als eine Art „inneres Joggen“ bezeichnet, denn ein Lachanfall bewirkt nicht nur eine erhöhte Sauerstoffzufuhr, gleichzeitig wird der Körper auch kräftig durchgeschüttelt. Die Folge: Innere Organe, insbesondere das Zwerchfell, werden massiert und aktiviert. Außerdem sind Körper und Psyche nach einem Lachanfall genauso wohlig entspannt wie nach einem anstrengenden Lauftraining.

Ob man nun vor sich hinschmunzelt, versonnen lächelt oder lauthals lacht – wohl jeder hat schon einmal erlebt, wie sich dabei die Stimmung automatisch verändert und wie herrlich wohltuend und befreiend das sein kann.

➜ Eine Untersuchung über das Lachverhalten der Geschlechter ergab, dass Frauen anders lachen als Männer. Vermutlich deshalb, weil von Frauen traditionell eher Zurückhaltung erwartet wurde. Polterndes Gelächter galt als unweiblich und war der Männerwelt vorbehalten.

➜ „Humor ist eine große Sache, letztendlich die Rettung.“
Mark Twain

Lebensbaum *und Kabbala*

1

Nach seiner Vertreibung aus dem Paradies bekam Adam der hebräischen Legende nach vom Erzengel Raziel die Kabbala in Buchform ausgehändigt. In diesem Werk waren in verschlüsselter Form alle Geheimnisse enthalten, die Adam erlösen und ins Paradies zurückführen könnten.

Was für Adam galt, gilt auch für alle anderen Menschen – die Weisheit der ···› **Kabbala,** die auf altägyptische und hebräische Einweihungstraditionen zurückgeht, kann für jeden zum Befreiungsweg werden, der ihn beschreitet. Wenn sich im kabbalistischen Lebensbaum der Schlüssel zur Erlösung verbirgt, stellt sich die Frage: Wie lässt er sich finden? Beispielsweise indem man über die zehn ···› **Sefirot** und die 22 Wege – das sind die Querlinien, die die einzelnen Sefira miteinander verbinden – meditiert. Am besten macht man sich zunächst mit der grafischen Darstellung des Lebensbaums vertraut und lässt die einzelnen Namen und Zahlenwerte auf sich wirken. Bereits diese visuelle Meditation führt zu einer ersten Resonanz im Inneren. Denn der durch den Lebensbaum abgebildete Kosmos ist auch in jedem Menschen angelegt und muss nur zum Leben erweckt werden.

Kommt zu der meditativen Betrachtung noch die Reflexion über die Bedeutung jeder einzelnen Sefira hinzu, erhöht sich die Chance, deren Qualität und Aufgabe zu verstehen. Der nächste Schritt besteht darin, diese intellektuelle Erkenntnis in die Tat umzusetzen und im eigenen System lebendig werden zu lassen. Doch Erlösung lässt sich bekanntlich nicht erzwingen. Man braucht also Geduld und

···› **Kabbala**
bedeutet „Das Buch der Weisheit und des Lebens". Die Kabbala gehört zur jüdischen Mystik, enthält jedoch auch gnostische Elemente. Das „Sefer Jezira" („Das Buch der Schöpfung") ist der älteste und geheimnisvollste der kabbalistischen Texte.

···› **Sefirot**
Der kabbalistische Lebensbaum besteht aus den zehn Sefirot, die von oben nach unten betrachtet heißen: *Kether* (Krone), *Chochmach* (Weisheit), *Binah* (Verständnis), *Chesed* (Gnade), *Geburah* (Stärke), *Tipheret* (Schönheit), *Netzah* (Sieg), *Hod* (Ruhm), *Jesod* (Fundament), *Malkuth* (Königreich).

Manche Forscher glauben, dass der kabbalistische Lebensbaum aus dem siebenarmigen Leuchter entstanden ist.

Als Lebensbaum dargestellt die Genealogie Jesu Christi von 1167 (Straßburger Bibliothek)

Abendländischer Lebensbaum mit Blüten

2

3

„Meditieren heißt, im Leben überhaupt relativieren zu können; so entspannt sein im Leben, dass das andere Einlass erhält. Techniken sind für Meditation und Gebet untauglich.“
Friedrich Weinreb

Hingabe, wenn man die Geheimnisse des Lebensbaums enträtseln möchte. Damit „das Andere“ in uns Einlass finden kann – wie der berühmte Kabbala-Forscher Friedrich Weinreb erklärte –, sind Ruhe und Gelassenheit wichtigste Voraussetzung. Um auf dem Baum des Lebens ganz nach oben steigen zu können – von Malkuth nach Kether –, muss zuerst die in jeder Sefira enthaltene Aufgabe gelöst werden. Wann dies der Fall ist, kann in der Regel ein Lehrer am besten beurteilen. Oder man vertraut seiner Intuition, die als „innerer Lehrer“ spürt, wann eine Aufgabe beendet ist.

Die Arbeit mit dem kabbalistischen Lebensbaum ist sowohl auf psychologischer als auch auf spiritueller Basis komplex. Doch wie einst Adam soll sie auch dem heutigen Menschen helfen, das verlorene Paradies wieder zu finden.

1

Lesend entspannen

Bücher sind wie gute Freunde: Sie bringen uns zum Lachen, lassen uns die Alltagssorgen für eine Zeit vergessen, entführen uns bisweilen in eine ganz andere Welt und sind immer da, wenn wir sie brauchen! Mit diesen verlässlichen Freunden können wir abschalten und neue Kraft tanken.

Doch es müssen nicht unbedingt Bücher sein – auch eine Zeitung, ein Gedicht oder ein Brief erfüllen ihren Zweck: Die Erfahrung einer anderen Dimension ist es, was Lesen so entspannend macht. Im Gegensatz zu Fernsehen oder Kino, wo die Filme in einem vorgegebenen Tempo ablaufen, kann man beim Lesen selbst bestimmen, wie viel und wie schnell man liest. Man kann jederzeit innehalten, nachdenken und das Gelesene verarbeiten.

Bücher „boomen", und es gibt in unseren Tagen mehr Lesestoff denn je: Zeitungen, Romane, Gedichte, Sachbücher, Briefe, neuerdings auch E-Mails. Als modernes „Lesebuch" ist das Internet hinzugekommen, in dem man nach Herzenslust herumsurfen und sich Informationen aller Art und aus aller Welt beschaffen kann.

Um dieses Multiangebot richtig genießen zu können, braucht man nur Zeit, den richtigen Ort und natürlich die passende Lektüre! Und da sind die Menschen bekanntlich sehr verschieden. Während manch einer vor dem Schlafengehen Krimis liest, dabei seinen langweiligen Alltag vergisst und sich bestens entspannt, „relaxt" ein anderer mit Vorliebe beim Gedichtelesen in der Badewanne. Denn dort ist er von Natur aus entspannt und hat die Muße, sich der Poesie hinzugeben.

Falls Sie zu den Leseratten gehören und viele Bücher zu Hause haben, sollten Sie diese von Zeit zu Zeit „sichten". Sie werden höchstwahrscheinlich erstaunt sein, was sich alles „schwarz auf weiß" in Ihren vier Wänden befindet: Schätze, die Sie vielleicht längst vergessen hatten.

Passionierte Zeitungsleser wollen immer gut informiert sein. Häufig lesen sie ihr Blatt so zwischendurch: beim Frühstück, im Büro, in der Mittagspause, im Café, in der U-Bahn oder Straßenbahn, bisweilen auch mal auf der Parkbank. Auch wenn die Schlagzeilen der Tageszeitungen meist nicht gerade erheiternd sind, ist das Zeitunglesen für viele Menschen zugleich auch Entspannung – ein liebgewordenes tägliches Ritual, das sie schmerzlichst vermissen würden, sollten sie eines Tages darauf verzichten müssen.

„Ein schönes Werk von innen heraus zu bilden, es zu sättigen mit unsern eigensten Kräften, dazu bedarf es vor allem Ruhe und einer Existenz, die uns erlaubt, die Stimmung abzuwarten.“
Eduard Mörike

Wer gerne Romane liest, der darf sich zu den „literarischen Genießern“ rechnen. Für diese Menschen gibt es kaum etwas Schöneres, als es sich im Sessel, auf dem Sofa oder an einem anderen ruhigen Plätzchen gemütlich zu machen und Seite um Seite in eine andere Welt einzutauchen. Bücher sind wie gute Freunde – bei beiden kann man sich wirklich entspannen!

2

Entspannung im Rokoko: „Lesendes Mädchen“ von Jean-Honoré Fragonard

Gemütlich „relaxen“ bei Zeitung und Milchkaffee

„la dolce vita“ – schmökern unter freiem Himmel

3

Mandalas – *Spiegel des Selbst*

C. G. Jung (1875–1961) erhielt von dem bekannten Orientalisten Richard Wilhelm den Anstoß, sich mit dem Buddhismus zu beschäftigen.

„Ich skizzierte jeden Morgen in ein Carnet eine kleine Kreiszeichnung, ein Mandala, welches meiner jeweiligen inneren Situation zu entsprechen schien ... Nur allmählich kam ich darauf, was das Mandala eigentlich ist: ... das Selbst, die Ganzheit der Persönlichkeit, die, wenn alles gut steht, harmonisch ist ...“

Dieses Zitat stammt nicht etwa aus der Feder eines fernöstlichen Meisters. Es war vielmehr der berühmte Schweizer Psychoanalytiker Carl Gustav Jung, der diese Erkenntnisse 1913 nieder-schrieb. Er hatte sich mit seinem Lehrer Sigmund Freud überworfen und war auf der Suche nach seiner Identität, seiner eigenen Wahrheit. Die Einsicht, die C. G. Jung für sich gewonnen hatte, war allerdings nicht neu, sondern beruhte auf uraltem Wissen, das in manchen Traditionen auch heute noch lebendig ist. So legten die Indianer Nordamerikas im Sand Heilmandalas an,

1 Der Schweizer Psychiater C. G. Jung beschäftigte sich intensiv mit Mandalas.

2 Stein mit Mandala in Kaschmir, Himalaja.

3 In tibetischen Klöstern werden von Mönchen kunstvolle Mandalas hergestellt.

um sich mit kosmischen Energien zu verbinden und die positiven Rückwirkungen in ihrer Persönlichkeit zu erfahren. Die australischen Aborigines ritzen bis zum heutigen Tag riesige Mandalas in den Boden, deren Bedeutung Außenstehenden verborgen ist. Auch in der künstlerisch vollendeten Ornamentik des Islam finden sich Mandalas in zahlreichen Versionen, ebenso auf den farbenprächtigen Glasfenstern christlicher Gotteshäuser – wie der berühmten Kathedrale von Chartres oder der Kathedrale Notre-Dame in Paris.

Entwerfen Sie eigene Mandalas oder malen Sie fertige Vorlagen nach Ihren Farbvorstellungen aus. Das entspannt und aktiviert Ihre kreativen Kräfte!

Am bekanntesten sind aber zweifellos die buddhistischen Mandalas, vor allem die lamaistischen aus Tibet. Im Buddhismus gelten sie als Abbilder des Universums und dienen als Meditationsvorlagen. In buddhistischen Klöstern gehört es seit je zum Alltag der Mönche, kunstvolle Mandalas und ⇢ **Yantras** herzustellen.

⇢ **Yantra**
Es handelt sich um eine symbolische Ornamentzeichnung, die – ähnlich wie das Mandala – als Meditationsvorlage dient.

Allen Mandalas liegt die Kreisform zugrunde – ein Symbol, das in sämtlichen Kulturen eine mystische Bedeutung hat. Der Kreis ist mit verschiedenen Formen gefüllt, die symmetrisch um den Mittelpunkt herum angeordnet sind. Dadurch wird der Blick des Betrachters automatisch auf das Zentrum gelenkt. Es ist ein magischer Prozess, der unbewusst geschieht und dem man sich kaum entziehen kann. Wer ein Mandala auf sich wirken lässt, soll innere Sammlung erfahren und zur Ruhe kommen. In dem Maße wie man in das Zentrum des Mandalas hineinwandert, geht man in sein eigenes Inneres – wird man seines Selbst gewahr, in dem die Energien ungehindert fließen. Körper, Geist und Seele können dadurch eine Einheit bilden.

In tibetischen Klöstern werden Sandmandalas erstellt, die nach ihrer Vollendung wieder zerstört werden. Dadurch soll die innere Haltung des Nicht-Haftens ausgedrückt werden.

1

Mantras – *heilige Silben*

Für die religiösen Gelehrten Asiens sind es Geschenke der Götter: Mantras gelten als lebendige, vibrierende Klangenergien, deren magische Kraft weit über westliche Vorstellungen hinaus gehen. Ursprünglich waren sie als Begleitrituale zur Meditation gedacht: Ein Schüler erhält bei der Einweihung durch seinen spirituellen Lehrer ein persönliches Mantra für seinen geistigen Weg sowie genaue Anweisungen, wie es zu gebrauchen ist.

Spricht man ein Mantra laut aus, werden entsprechend der → **Sanskrit**-Silben, aus denen es besteht, spezielle Tonschwingungen erzeugt, mit denen man die höchste Gottheit anruft. Mantras bilden eine Art geistigen Schutzschild, der spirituell Suchenden auf ihrem Weg zur Selbstverwirklichung hilft. Durch das häufige und innige Wiederholen eines Mantras während einer Meditation macht man sich dessen Schwingungen zu Eigen und vibriert mit ihnen. Neben den persönlichen Mantras, die ein Schüler von seinem Lehrer bekommt, gibt es auch „Allgemeingut“, das jedermann verwenden kann.

In Tibet oder Ladakh beispielsweise wird das Mantra „Om mani padme hum“, was so viel wie „Oh, Kleinod im Lotos, Amen“ bedeutet, von den Gläubigen während ihrer täglichen Arbeit gesungen. Es stammt von → **Avalokiteshvara**, dem Bodhisattva des Erbarmens. In Indien erklingt häufig das Mantra „Om shanti“, „Der Friede Gottes“. Durch das Singen oder Sprechen dieser „spirituellen Energieträger“ werden positive Kräfte angezogen. Mantras sollten immer in ihrer ursprünglichen Sprache verwendet werden. So enthält die heilige Silbe „Om“ durch das

Sie können aus einer religiösen Tradition, zu der Sie sich hingezogen fühlen, selbst ein Mantra auswählen und dieses mit Vertrauen und Hingabe sprechen oder singen. Wichtig ist, dass die „Wellenlänge“ des Mantras mit Ihrem Inneren übereinstimmt!

→ **Avalokiteshvara**
Der Legende zufolge wurde das Universum von einem Schmerzensschrei erschüttert, als Avalokiteshvara ins Nirwana eintreten wollte. Daraufhin kehrte der Bodhisattva der Barmherzigkeit in einem Akt der Großzügigkeit in die Welt zurück, um dort sein Werk fortzusetzen.

O und das M eine besondere Schwingung, deren Kraft durch eine Übersetzung verloren ginge.

Welches Mantra man sich erwählt, ob man es von einem geistigen Lehrer erhalten oder selbst ausgesucht hat – man sollte diese Silben als etwas Geheiligtes anerkennen und nicht achtlos damit umgehen, da sie ansonsten ihre Wirkung nicht entfalten können. In der östlichen Tradition geht man davon aus, dass das Mantra die Energie des Lehrers überträgt. Durch Anwenden eines derart „präparierten“ Mantras wird man mit dem Bewusstsein des Lehrers verbunden und kann somit geistige Fortschritte erzielen. Gelingt es jedoch, die Schwingung eines Mantras in sich zum Leben zu erwecken, kann man dessen spirituelle Kraft erfahren. Dann wird man vielleicht den alten Weisen zustimmen, die Mantras als Geschenke der Götter bezeichneten.

Sanskrit
Die Veden (= göttliches Wissen), die älteste indische Literatur, sind in der alten Gelehrtensprache Sanskrit verfasst. Für eingeweihte Brahmanen war es eine heilige Mysteriensprache.

2

3

1 Die heilige Silbe „Om“ ist ein kraftvolles Mantra.

2 Das „Rig-Veda“, das bedeutendste Buch der vier Veden, enthält Lobeshymnen.

3 Das Rezitieren von Mantras gehört zum „Alltag“ eines buddhistischen Mönchs.

Massagen – *Kunst der Berührung*

„Ich sage euch: Meine Schuhschnallen sind gelehrter als euer Galen und Avicenna, und mein Bart hat mehr erfahren als alle euere hohen Schulen!“
Paracelsus

Schon Hippokrates (um 460–377 v. Chr.) schrieb über die hohe Kunst der Berührung: „Der Arzt muss in vielen Dingen erfahren sein, gewiss aber im Reiben.“ Unter „Reiben“ verstand er das, was heute als Massieren bezeichnet wird. Doch nicht nur steife Gelenke wurden zu Hippokrates' Zeiten gerieben, auch die Epilepsieanfälle von Julius Cäsar versuchte man so in den Griff zu bekommen. Weitere bekannte Vertreter ähnlicher Methoden waren der griechische Arzt Galen (131–201) sowie der im 11. Jahrhundert lebende berühmte Gelehrte Avicenna, der in seinem „Canon medicinae“ vermerkte, dass durch Massage Abfallstoffe aus dem Körper beseitigt werden können – Erkenntnisse, die erst in den letzten zwei Jahrzehnten von Naturheilkundlern wieder entdeckt wurden. In deutschen Landen beschäftigte sich der berühmte Arzt Philipus Theophrastus Paracelsus (1493–1541) mit unorthodoxen „Reibetechniken“.

Thai-Massage
Bei der klassischen Thai-Massage handelt es sich nicht um eine erotische Massage, wie dies oft vermutet wird. Lustvoll ist sie dennoch, da man dabei liebevoll gedehnt, geschaukelt und gebogen wird. Als Begründer der Thai-Massage gilt der aus Nordindien stammende Arzt Jivaka Kumar Bhaccah – ein Zeitgenosse Buddhas!

Institutionalisiert wurde die Massage schließlich durch den schwedischen Fecht- und Sportlehrer Per Henrik Ling. Er gründete im Jahr 1813 in Stockholm das „Gymnastische Zentralinstitut“, wo er seine Techniken lehrte, die unter dem Begriff „Schwedische Massage“ in die Geschichte dieser Therapie eingingen. Auf Ling gehen die Grundlagen der traditionellen Massage – wie die Bindegewebs- oder Sportmassage – zurück. Sie haben sich bis zum heutigen Tag gehalten, haben allerdings im Lauf der Zeit viel Konkurrenz bekommen. Nicht nur von „Exoten“ wie Shiatsu, Ayurveda, Hawaiian-Healing-Massage und der traditionellen **Thai-Massage,**

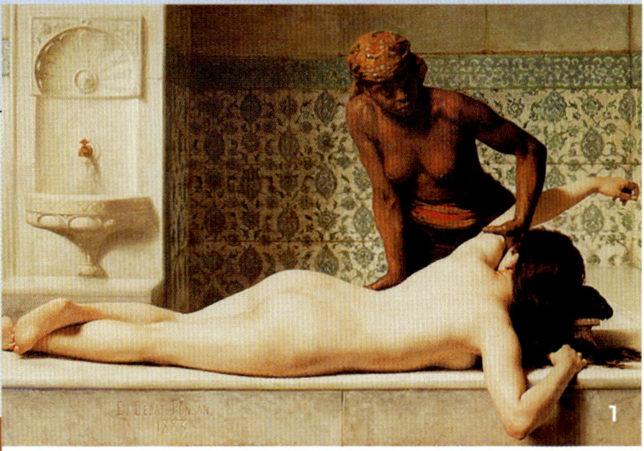

1 „Die Massage“ von Édouard-Bernard Debat-Ponsan (1847 –1913)

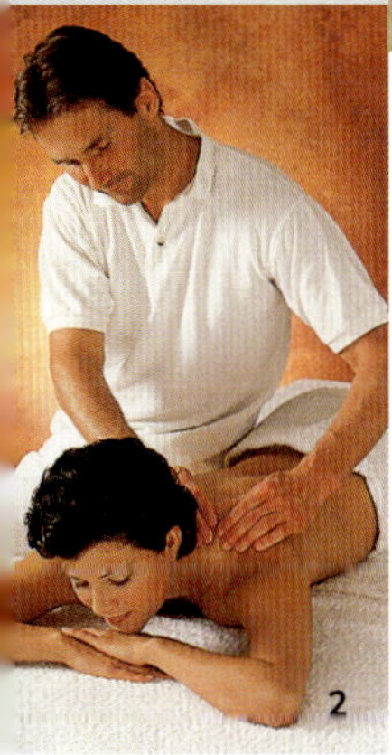

2 Der Masseur erfühlt vorsichtig die Verspannung der Muskeln und setzt dort mit der Massage an.

3 Da die Hautfläche bei einem Erwachsenen etwa zwei Quadratmeter beträgt, ist es nicht erstaunlich, dass Massagen eine derartig durchgreifende Wirkung haben. Fünf Millionen winziger Nervenzellen, die sich in der Haut befinden, sorgen dafür, dass alle Reize und Informationen, die über die Haut aufgenommen werden, dann an die entsprechenden Stellen im Körperinneren weitergeleitet werden.

sondern auch von ihren westlichen „Geschwistern“, zu denen unter anderen die Reflexzonen-, die biodynamische und die Relax-Fit-Massage gehören.

Wer etwa an inneren Blockaden arbeiten möchte, kann sein Glück mit der biodynamischen Massage nach Gerda Boyesen versuchen. Durch diese spezielle Technik werden verdrängte Gefühle angeblich über die Entspannung der Darmperistaltik zum Vorschein gebracht und aufgelöst, was wiederum auf die Verspannung der Muskeln einen positiven Einfluss hat. Ein Erlebnis ganz besonderer Art ist auch die Hawaiian-Healing-Massage, die der schamanistischen Tradition entstammt. Bei dieser intensiven Methode wird dynamische Musik eingesetzt und synchron massiert – das heißt, dass zwei Therapeuten gleichzeitig am Werk sind. Derartige Synchronmassagen sind auch aus dem Ayurveda bekannt und können eine unvergleichliche Harmonie und Tiefenentspannung zur Folge haben.

Wer also die Seele baumeln lassen und auch etwas für den Körper tun möchte, kann unter einem großen Angebot wählen und sich ganz nach seinem Geschmack verwöhnen lassen.

Mondmagie – *Frau Lunas Zauber*

Verwandeln Sie den „blauen Montag“ in einen „Mond-Tag“! Denn er wird vom Mond regiert und ist daher günstig für Liebesangelegenheiten und alles, was mit dem „inneren Kind“ zu tun hat. Verwöhnen Sie sich mit einer Massage oder einem grün gefärbten Duftbad – Grün ist nämlich die Farbe des Montags.

Manche Menschen reagieren stärker auf den Vollmond als andere. Astrologen halten das Sternzeichen, in dem der Mond steht, für mitverantwortlich. Menschen mit Mond im Krebs etwa reagieren sensibler auf seine Kräfte als diejenigen, bei denen der Mond im Zeichen des Steinbocks steht. Dass der Vollmond eine starke Wirkung ausübt, bestätigen auch Hebammen und Polizei – Geburten, aber auch Unfälle häufen sich bei Vollmond.

Noch vor 100 Jahren hätte sich kaum jemand vorstellen können, dass Menschen tatsächlich einmal auf dem Mond landen. Im Juli 1969 wurde mit dem Erfolg von „Apollo 11“ dieses Lieblingsobjekt romantischer Dichtung und Malerei dann auch kurzfristig entzaubert. Doch in den letzten Jahren haben immer mehr Menschen die Magie des Monds neu entdeckt. Alte Bauernregeln werden wieder befolgt, Kräuterfibeln gewälzt, Garten- und Feldbaukalender zu Rate gezogen. Mondkalender sowie die Mondastrologie haben Hochkonjunktur.

Die Auswirkungen des Monds zu kennen hilft in vielen Bereichen des Lebens weiter. Erledigt man die richtigen Dinge zur passenden „Mondzeit“, soll man seine Gesundheit verbessern, mehr Erfüllung in Partnerschaften und Beruf erleben, erfolgreich gärtnern und die eigenen emotionalen Hochs und Tiefs besser verstehen können.

Wer etwas für seine Figur tun möchte, sollte mit der Fastenkur bei abnehmendem Mond beginnen, da in dieser Phase die Gifte im Körper schneller abgebaut werden. Der Neumond eignet sich für neue Unternehmungen, denn er bringt einen Energieschub mit sich. Magische Rituale dagegen könnten sich jetzt eher ins Gegenteil verkehren! Der zunehmende Mond baut auf, führt Kräfte zu und fördert alles, was gedeihen soll. Diese Phase ist günstig für Kommunikation, Kreativität, aber auch für Körpertherapien.

Der Vollmond verleiht Durchsetzungskraft und Energie und ist für magische Rituale geeignet. Allerdings kann er auch psychische Spannungen verursachen, die das Unfallrisiko erhöhen.

⋑ „Eine jede Zeit ist anders als die übrigen, böser oder besser als die anderen. So verhält es sich auch mit dem Mond. Denn anders ist der Neumond, anders das erste Viertel, anders der Vollmond, anders das letzte Viertel."
Paracelsus (1493/94–1541)

1

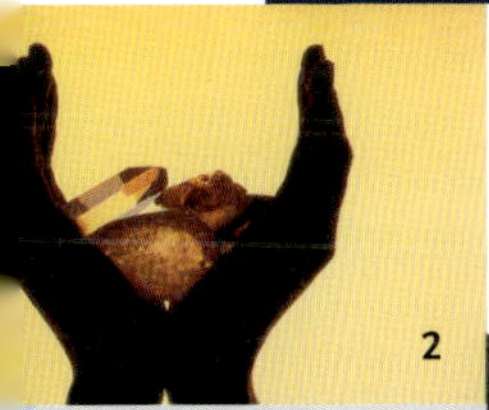

2

3

1 Der Mond, von jeher ein beliebtes Motiv der Volkskunst

2 Legt man Edelsteine in Vollmondnächten ins Freie, laden sie sich energetisch auf (alter Volksglaube)

3 Mondmagie der Romantik – „Zwei Männer in Betrachtung des Mondes" von Caspar David Friedrich, 1819/20

Musik *genießen*

1

Schon Johann Sebastian Bach stellte fest: „Bey einer andächtig Musik ist allezeit Gott mit seiner Gnaden Gegenwart." Musik ist wie „das Salz der Erde" – sie würzt unser Leben. Sie macht uns heiter, entspannt, euphorisch, eventuell aber auch deprimiert oder aggressiv. Musik wirkt unmittelbar auf uns ein, und wir können uns ihr nicht entziehen.

Wenn Sie folgende Regeln beachten, entspannen Sie sich am besten:
1. Nehmen Sie sich Zeit zum Musikhören, und lassen Sie sich nicht einfach berieseln.
2. Hören Sie nur Musik, die Ihnen gefällt und gut tut.
3. Schließen Sie alle äußeren Störfaktoren aus und geben Sie sich ganz den Klängen hin.

Doch die eigentliche Wirkung der Musik geht weit über den subjektiven Hörgenuss hinaus – denn Klänge können auch heilen. Diese Erkenntnis wird in der Musiktherapie angewendet, die sich langsam aber sicher ihren Platz innerhalb der Medizin und der Psychologie erobert. Neu ist diese Form des Heilens allerdings nicht: Bereits ägyptische Priester heilten mit Musik, und im 13. Jahrhundert engagierten arabische Ärzte häufig Harfenspieler, Lautenschläger und Trommler, um die Genesung von Kranken zu beschleunigen.

Manche Ärzte tun es ihnen heute nach, auch wenn der Erfolg der Musiktherapie wissenschaftlich noch nicht bewiesen ist. Das Harfenspiel wird dabei durch Barockmusik ersetzt, die Patienten vor einer Operation beruhigen soll. Wichtig ist, dass das Tempo stimmt. Es darf weder zu schnell noch zu langsam sein. Instrumente wie Klavier, Oboe, Cello, Violine, Klarinette und Orgel sowie die Tonarten C-Dur, D-Dur, F-Dur und B-Dur haben nachweislich den höchsten Entspannungseffekt.

„Musik hat nichts mit dem Klang zu tun. Klang wird transzendiert, damit eine andere Realität wahrgenommen werden kann. Und wer denkt, dass Musik Genuss ist, der ist weit weg von ihr. Der Musikgenuss ist nur der Köder, sonst würden die Menschen sich nicht damit beschäftigen. Wir machen Musik um auf etwas anderes zu kommen."
Sergiu Celebidache

Neuesten Erkenntnissen zufolge gehören selbst Embryos zu den musikalischen Genießern. Forscher haben entdeckt, dass es einen sehr großen Einfluss auf das werdende Kind hat, wenn die Mutter in der

Schwangerschaft Musik hört oder selbst singt. Das Baby kann diese Melodien nach der Geburt sogar wieder erkennen. Je harmonischer die Musik, desto besser. Experten empfehlen werdenden Müttern eine Art „rituelles Musikhören", bei dem dieselbe Melodie zur selben Zeit gesungen oder gehört wird. Embryos fühlen sich dadurch besonders geborgen.

In esoterischen Kreisen gilt die ⇢**Obertonmusik** als Entspannungsmusik per se. Sie besitzt eine uralte Tradition und wird in einigen Kulturen zur Meditation und kontemplativen Versenkung eingesetzt. So in den Klanggebeten der tibetischen Mönche, in den gregorianischen Kirchenchorälen und in den Klangreisen der australischen Aborigines. Obertöne besitzen eine ungeheure Kraft: Sie fördern den Zugang zu den eigenen Gefühlen, vermitteln Klarheit und helfen, die innere Weisheit zu entdecken. Obertöne, die über einem langen Ton erklingen, hören sich wie Glocken an. Lauscht man diesen sphärischen Klängen, fühlt man nach kurzer Zeit eine wunderbare Ruhe und Gelassenheit.

⇢ **Obertonmusik**
Als Obertöne bezeichnet man Töne, die mit dem Grundton zusammen erklingen. Es sind Teiltöne, die gleichzeitig mit dem Grundton schwingen und die Klangfarbe eines Instruments bestimmen. Klassische Obertoninstrumente sind die indische Tambura – ein lautenähnliches, aus einem Kürbis hergestelltes Instrument sowie das Didgeridoo das archaische Blasrohr der australischen Ureinwohner.

2

3

1 „Muse, die Lyra spielend"; griechische Vase, 5. Jh. v. Chr.

2 Flotte Töne machen gute Laune!

3 Musikabend bei der Schriftstellerin Bettina von Arnim; Aquarell von C. J. Arnold (1754/56)

Muße und Müßiggang

„Und unter allen Himmelsstrichen ist es das Recht des Müßiggangs, was Vornehme und Gemeine unterscheidet, und das eigentliche Prinzip des Adels." Soweit die Erkenntnis ···> **Friedrich von Schlegels** in seinem 1799 erschienenem Roman „Lucinde". Der Volksmund sah das anders: „Müßiggang ist aller Laster Anfang", meinte er.

···> **Friedrich von Schlegel**
Gemeinsam mit seinem Bruder August Wilhelm hat sich Schlegel (1772–1829) um die deutsche Literatur verdient gemacht. 1798–1800 gaben die Gebrüder Schlegel in Jena die Zeitschrift „Athenäum" heraus. Nach Aufenthalten in Berlin, Jena, Paris (wo Friedrich von Schlegel Vorlesungen hielt und Sanskrit studierte) und Wien lebte er zuletzt in Dresden.

Heute stehen wir vor einem anderen Problem: Es stellt sich die Frage, ob sich Menschen in einer hoch industrialisierten Gesellschaft, in der alles reibungslos funktionieren muss, Muße oder Müßiggang überhaupt noch leisten können. Ein Großteil von ihnen arbeitet fast 40 Stunden pro Woche, oft weniger aus Berufung als wegen der Notwendigkeit des Broterwerbs. Da fehlen Zeit und Energie für wahre Muße, in der Selbstbesinnung und schöpferische Prozesse überhaupt erst möglich werden. Muße lässt sich nicht mit Zwang, Stress und Zeitdruck vereinbaren. Denn die Muße ist ein empfänglicher

1 Die Seele baumeln lassen – Muße am Meer

2 „Die Zeit der Harmonie – Das goldene Zeitalter liegt nicht in der Vergangenheit, sondern in der Zukunft" von Paul Signac, 1893/95

Seinszustand: Man hat Zeit und kann in Ruhe abwarten, wie die Dinge sich entwickeln. Doch wie wird man von einem ··→ **Homo faber** – einem Menschen, der sein Selbstverständnis aus dem Ideal von „Arbeit und Zucht" bezieht – zu einem „Homo liber", für den Muße und Freiheit das höchste Gut sind, ohne dass man dabei seine Pflichten vernachlässigt und unter Umständen sogar auf Kosten der Gesellschaft lebt?

··→ **Homo faber**
Das Leitbild des sich durch Zucht und Arbeit auszeichnenden Menschen geht auf Johann Amos Comenius (1592–1670) zurück, der davon ausging, dass der Mensch seinem Körper nach zur Arbeit bestimmt sei, und damit ein neues Bildungsideal schuf. Dem steht das Menschenbild des sich durch Muße und Freiheit entwickelnden „Homo liber" gegenüber, das insbesondere von Wilhelm von Humboldt propagiert wurde. Der Schweizer Schriftsteller Max Frisch (1911–91) hat in seinem Roman „Homo faber" diese gegensätzlichen Weltanschauungen thematisiert.

„Ich nahm mir vor, mich zufrieden im Genuss meines Daseins über alle doch endliche, und also verächtliche Zwecke und Vorsätze zu erheben", heißt es weiter in Schlegels „Lucinde". Dies scheint auch für einen modernen Müßiggänger eine brauchbare Anleitung zu sein. Übertragen auf unser heutiges Leben, könnte es heißen, dass wir „endlichen und verächtlichen" Dingen – seien es Arbeit oder andere Verpflichtungen, die uns von der Muße und Freiheit abhalten – nicht mehr den gleichen Stellenwert beimessen wie bisher. Wollen wir zu adligen im Sinne von edlen Menschen werden, die sich den Luxus der Muße erlauben können, müssen wir unser inneres Wertesystem ändern. Ein erster Schritt dazu kann sein, dass wir uns selbst als schöpferische Wesen ernst nehmen und uns Zeiträume zugestehen, in denen wir kein Programm absolvieren müssen – auch nicht in unserer Freizeit! Das kann zunächst schwierig sein. Doch wenn wir es wagen, uns dem scheinbar unnützen Leben der Beschaulichkeit in einem gewissen Rahmen hinzugeben, werden wir bald feststellen, dass Müßiggang doch nicht aller Laster Anfang ist!

⇒ „Ein Mensch ist reich in Proportion zu den Dingen, die sein zu lassen, er sich leisten kann."
Henry David Thoreau

Natur *erleben*

1

„Siddhartha lauschte. Er war nun ganz Lauscher, ganz ins Zuhören vertieft, ganz leer, ganz einsaugend, er fühlte, dass er nun das Lauschen zu Ende gelernt habe. Oft schon hatte er all dies gehört, diese vielen Stimmen im Fluss, heute klang es neu ...“ In Hermann Hesses Roman ···> **„Siddhartha“** wird ein Fluss zum Lehrmeister. Von ihm lernt Siddhartha die Lektion der Endlichkeit aller Dinge, an seinen Ufern erlebt er die Erleuchtung.

Auch wenn wir nicht auf der Suche nach Erleuchtung sind, hat uns die Natur ungeheuer viel zu bieten: Berge, Quellen, Flüsse, Seen, Strände, Vögel, Wälder, Bäume, Wiesen, Blumen, Himmel, Wolken, Sonne, Mond und Sterne, Sonnenauf- und Sonnenuntergänge. Es liegt an uns, all das zu entdecken und zu genießen! Wenn wir an einem schönen Herbsttag durch den Wald spazieren, die herrlichen Farben des Laubs, den würzigen Geruch des Waldbodens, das Singen der Vögel, das Rauschen der Blätter mit all unseren Sinnen wahrnehmen, kann uns das ein wahres Glücksgefühl verschaffen. Körper, Geist und Seele werden in einen Zustand der Harmonie und Entspannung versetzt.

Nehmen wir uns die Zeit, an einen Baum oder einer kleiner Lichtung zu verweilen, können wir unter Umständen wundersame Dinge erleben. Vielleicht verstehen wir ganz plötzlich die Sprache der Gnome und Feen und fühlen uns in eine Art Sommernachtstraum versetzt. Oder wir lauschen still der Geschichte eines alten Baums. Möglicherweise verschmelzen wir auch für Sekunden mit der Erde, auf der wir sitzen. Wenn wir den Wald wieder verlassen,

···> **„Siddhartha“**
In dieser Dichtung beschrieb Hermann Hesse (1877–1962) jenseits aller Konfessionen auf faszinierende Weise den Weg zur Erleuchtung. Das 1922 entstandene Werk, das sich auf den historischen Buddha bezieht – sein weltlicher Name war Siddhartha – erlebte Millionenauflagen, wurde in viele Sprachen übersetzt und gilt heute als „esoterischer Klassiker“.

In William Shakespeares (1564–1616) lyrischer Komödie „Ein Sommernachtstraum“ spielen Naturgeister eine große Rolle. Sie verkörpern die Welt des Irrationalen, des Traums und der Fantasie, ohne die der Mensch dem rationalen Verstand ausgeliefert wäre. Erst die Integration des Irrealen in die reale Welt macht Shakespeare zufolge den Menschen zu einem vollkommeneren Wesen.

werden wir ruhiger sein – und glücklicher. Denn für kurze Momente hat sich uns etwas vom Wesen des Walds mitgeteilt.

„Den rollenden Sand unter der Sohle, Dein Schweigen, Natur, nicht brechen, Nicht auf raschelndem Blatt Mit dem Griffel dich wecken, Genius! – Träumender!“
Bettina von Armin

Auf dem Gipfel eines Bergs kann man ganz andere Erfahrungen machen. Manche Menschen fühlen sich einsam, andere erhaben oder euphorisch. Oder man spürt eine große Stille in sich. Einen sinnlicheren Aspekt der Natur erleben wir, wenn wir uns am Meer in die Fluten stürzen, prickelndes Wasser auf unserer Haut spüren und uns lustvoll diesem Element hingeben. Bewundern wir dagegen einen spektakulären Sonnenuntergang, wirkt das Element des Feuers auf uns ein. Die Natur ist lebendig. Je mehr wir uns dessen bewusst sind, desto intensiver können wir sie in all ihren Facetten erleben, desto respektvoller können wir sie behandeln und ihre heilenden Kräfte in uns aufnehmen. Erst dann erleben wir „Natur pur“ in dem Sinne, dass sich uns alle ihre Aspekte erschließen und sie uns ihre Gaben schenkt.

2

1 Symbol der Reinheit: die Lotosblüte, ein Geschenk der Natur

2 Ein Gefühl ungeahnter Freiheit – ein Ausflug in die Berge

3 Meeresromantik: Hier kommt der Geist zur Ruhe.

3

Nickerchen, *Siesta & Co.*

Albert Einstein hatte eine einfache Methode, seine Nickerchen, die er im Sitzen hielt, zeitlich zu begrenzen. Er nahm beim Schlafen seinen Schlüsselbund in die Hand. Wenn sich nach wenigen Minuten der Ruhe die Muskeln entspannten, entglitt er ihm und fiel mit Getöse zu Boden – der Wissenschaftler schreckte aus seinem Schläfchen auf.

Doch nicht alle großen Denker erlaubten sich den Luxus eines Mittagsschläfchens. Immanuel Kant zum Beispiel wäre zwar mitunter bei seinen Nachmittagsvorlesungen in Königsberg beinahe vom Schlaf übermannt worden, doch in solch heiklen Momenten erhob sich der große Philosoph und lehrte stehend weiter. Auch nach seinem mehrere Stunden dauernden Mittagsmahl, das er gemeinsam mit Freunden einnahm, unternahm Kant lieber einen Spaziergang, als sich auszuruhen.

Heutzutage scheint das Nickerchen weitgehend aus der Mode gekommen zu sein – zumindest für berufstätige Menschen. Doch dieser dem menschlichen Biorhythmus feindliche Status quo lässt sich nicht mehr guten Gewissens aufrecht erhalten, seit Schlafforscher und ···> **Chronobiologen** die Vorteile eines Nickerchens wissenschaftlich bestätigt haben. So weiß man heute, dass sich durch kleine Schläfchen das Unfallrisiko bei gefährlichen Arbeiten erheblich verringert. Das Nickerchen verstärkt außerdem die Konzentrations- und Leistungsfähigkeit. Psychologen raten dazu, nicht mehr nur des Nachts im „großen Block“ zu schlafen, sondern den Schlaf in kleine Häppchen einzuteilen, die auch tagsüber „genommen“ werden können.

> Mit ultrakurzen Nickerchen können Sie einen Jetlag in den Griff bekommen. Versuchen Sie nach Fernstreckenflügen nicht den Schlafmangel durch längeren Tagesschlaf auszugleichen. Wirkungsvoller sind mehrere Nickerchen à 20 Minuten!

···> **Chronobiologen**
Die Chronobiologie befasst sich mit der wissenschaftlichen Untersuchung biologischer Rhythmen. Die meisten Lebensfunktionen des Menschen sind durch einen rhythmischen Verlauf gekennzeichnet und verändern sich systematisch im Laufe des Tages und während der Nacht. Chronobiologen testen etwa die Körpertemperatur, die Kreislauftätigkeit, die Schmerzempfindlichkeit und die Leistungsfähigkeit innerhalb der Tages- und Nachtrhythmen.

1 Zwischen Kamille und Klatschmohn lässt es sich herrlich träumen.

2 Zwar nicht so gemütlich wie im Bett, aber dennoch erholsam ist ein Nickerchen auf einer Parkbank.

In Europa werden diese Einsichten bislang noch wenig in die Tat umgesetzt. Die Japaner sind uns hier um Einiges voraus. Seit Wissenschaftler bewiesen haben, dass ein Nickerchen Stressfaktoren vermindert, hat man im Land der Kirschblüten und des Zazen diese Erkenntnisse in das Arbeitsleben integriert. In vielen Unternehmen befinden sich Ruheräume, in denen erschöpfte Angestellte ein Schläfchen halten können. Auch in den USA haben sich etliche Firmen diesem Trend angeschlossen und ermuntern ihre Mitarbeiter zu einem „power-nap" – einem stärkenden Minischläfchen, das nicht nur die Kräfte zurückbringt, sondern auch die Kreativität wieder frei fließen lässt.

In den heißen mediterranen Ländern war man schon immer cooler: Die mehrstündige Siesta hat man sich auch im Trubel des modernen Lebens nicht nehmen lassen. Die Arbeit läuft nicht davon – und schließlich lebt man nur einmal!

Leonardo da Vinci hat – wie viele andere Künstler und Genies – um die erquickende Wirkung des Nickerchens gewusst. Angeblich hat er nie länger als 15 Minuten geschlummert – dafür allerdings alle vier Stunden. Ein Genie kann sich das eben leisten!

NLP – *bewusstes Programmieren*

Die Fachausdrücke mögen Laien verwirrend erscheinen: ⇢ **ankern**, mismatchen, polarisieren, pacing, Glaubenssätze, reframing – alles Handwerkszeug, das dem NLP-Benutzer hilft, mentale und auch emotionale Blockaden zu beseitigen und Energien frei fließen zu lassen.

Das „neurolinguistische Programmieren" wurde von dem Linguistikprofessor John Grinder und dem Mathematiker Richard Bandler im Jahr 1972 ins Leben gerufen. Letzterer war ein begeisterter Anhänger der ⇢ **Gestalttherapie.** Die beiden Wissenschaftler, die sich erstmals an der University of California in Santa Cruz begegneten, interessierten sich beide für Milton Ericksons Hypnosearbeit und beschäftigten sich ausgiebig damit. Als 1975 Grinders und Bandlers erstes Buch mit dem Titel „The Structure of Magic I" (dt. „Metasprache & Psychotherapie, Struktur der Magie I") erschien, kam der Stein ins Rollen, der eine riesige Lawine auslöste.

⇢ **Gestalttherapie**
Die Gestalttherapie wurde von Fritz und Laura Perls sowie Paul Goodman begründet. Sie entwickelten Anfang der 50er-Jahre in den USA dieses ganzheitliche Therapieverfahren auf den Grundlagen der Tiefenpsychologie, Gestalttheorie und der Existenzphilosophie.

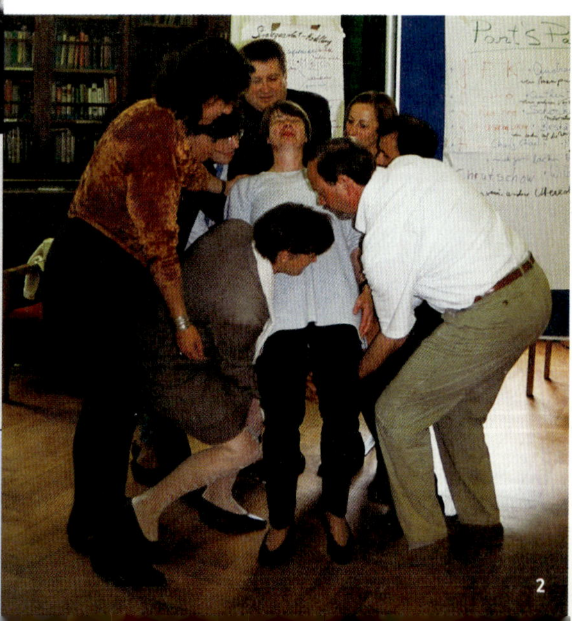

1 Richard Bandler, einer der Begründer des NLP

2 Die Einsichten, die durch das neurolinguistische Programmieren vermittelt werden, entstehen am besten in Gruppenprozessen.

Was ist nun eigentlich NLP? Es ist ein Modell, das die Muster unserer sinnlichen Wahrnehmung, unsere subjektiven inneren Erfahrungen, den Ablauf von Denkprozessen und das Zusammenspiel von Körper, Geist und Seele beschreibt. „Neuro" weist darauf hin, dass unser Verhalten das Ergebnis neurologischer Prozesse ist. „Linguistisch" steht für unsere sprachlichen Muster, die innere Prozesse widerspiegeln. „Programmieren" bedeutet, dass die Muster unserer sinnlichen Wahrnehmung, der inneren Erfahrung und der Sprache systematisch genutzt werden können, um bestimmte Ziele zu erreichen.

Ankern
Einen Anker schafft man durch einen äußeren oder inneren Reiz. Dies kann eine spezifische Berührung, ein spezielles Wort, ein Gedanke oder auch ein Bild sein. Zweck des Ankerns ist es, eine positive Reaktion auszulösen, durch die neue Wahlmöglichkeiten entstehen. Man kann sich auch selbst ankern, indem man einen Reiz und die gewünschte Reaktion darauf erzeugt. Der Prozess des Ankerns kann visuell (durch ein Bild), auditiv (durch Töne), kinästhetisch (durch Berührung) oder olfaktorisch (durch Schmecken) erfolgen.

NLP bietet viele nützliche Werkzeuge, die zur besseren Gestaltung der menschlichen Kommunikation sowie zu einer optimaleren Lebensgestaltung beitragen. Es wird gleichermaßen erfolgreich beim Unterrichten, im Sport, beim „Coaching" von Managern, in der Psychotherapie sowie in der Medizin zur Heilung seelisch bedingter Krankheiten eingesetzt.

Ein NLP-Baustein, an dem man recht gut selbst arbeiten kann, sind unsere „Glaubenssätze", die uns zu einem bestimmten Verhalten antreiben. Im Allgemeinen sind diese Programme unbewusst – wir werden von Glaubenssätzen „gelebt", die wir irgendwann einmal übernommen haben. So kann jemand die Überzeugung in sich tragen: „Mit 40 ist das Leben gelaufen." Hat die Person dann das kritische Alter erreicht, kann ihr diese Programmierung sämtliche positiven Lebensenergien entziehen. Dies ist nur ein Beispiel dafür, wo NLP mit seinen Techniken ansetzt, um negative, lebensfeindliche Programme in positive umzuwandeln.

„NLP ist der erste systematische Ansatz zu lernen, wie man lernt."
Gregory Bateson

Orte *der Kraft*

Fast alle alten Kultstätten und Heiligtümer befinden sich an „Orten der Kraft“: Pyramiden, Menhire, Megalithen, Opferstätten, Tempel und Kirchen, aber auch Schlösser und Burgen wurden an Plätzen errichtet, an denen eine besondere Schwingung herrscht. Diese Schwingung kommt unter anderem durch eine intensive Erdstrahlung und den Erdmagnetismus zustande. Hellsichtigen Menschen zufolge sollen dort besondere Energien frei werden, die zwar nicht sichtbar sind, aber dennoch existieren und wirken.

Das Wissen von der ⇢ **Geomantie** ist uralt. Bereits die Ägypter, Mayas und Inkas wendeten es beim Bau ihrer Pyramiden an, deren geheimnisvolle Kräfte Wissenschaftlern bis heute Rätsel aufgeben. Auch die buddhistischen und indischen Tempel wurden traditionell an heiligen Orten erbaut. Auch Megalithenbauten wie den Steinkreisen von Stonehenge und Castlerigg auf den Britischen Inseln sowie den Steinalleen von Carnac in der Bretagne liegt ein astronomisch bestimmtes System zugrunde.

Britische und französische Geologen haben entdeckt, dass sich Steinkreise stets in Regionen mit geologischen Verwerfungen befinden und seismoelektrischen Schwankungen unterworfen sind. Häufig werden dort seltsame Lichterscheinungen beobachtet, die euphorische Zeitgenossen für UFOs, nüchternere hingegen für Erdlichter – das sind elektromagnetische Phänomene, die bei seismischen Aktivitäten des Erdkörpers auftreten – halten.

Auch die mittelalterlichen Baumeister, die grandiose Kirchenbauten wie etwa die Kathedrale in

⇢ **Geomantie**
Dieser Begriff kommt von Geo-Mantik und bedeutete ursprünglich Wahrsagekunst unter Zuhilfenahme der Erde. Heute versteht man darunter die Schulung einer ganzheitlichen Wahrnehmung sowie das Einbeziehen der natürlichen Rhythmen von Erde, Sonne und Mond. In den 20er-Jahren lebte die Geomantie insbesondere in England wieder auf, wo verschiedene Forschungsprojekte durchgeführt wurden. In Deutschland war sie lange verpönt, da sie von den Nationalsozialisten für ihre Zwecke missbraucht wurde.

Suchen Sie sich einen Ort aus, an dem Sie sich wohl fühlen – einen Baum, einen Fluss, einen Berg oder auch eine Kirche oder ein Museum. Machen Sie diesen besonderen Ort – der mit Ihren eigenen Schwingungen übereinstimmt – zu Ihrem Refugium, an dem Sie sich erholen und positive Kräfte tanken können.

1 Die Steinkreise von Stonehenge, eine große Anlage aus der späten Jungsteinzeit und älteren Bronzezeit bei Salisbury

2 Das Geräusch von fließendem Wasser hat besonders auf den Solarplexus eine positive Wirkung.

Chartres errichteten, wussten um die besonderen Kräfte der Erde und setzten dieses Wissen ein.

In den letzten Jahren wurden die so genannten ⇢ **Ley-Linien** insbesondere in Großbritannien eingehend erforscht. Diese mysteriösen Linien durchziehen die Erdoberfläche wie eine Art Nervensystem und verbinden Kultstätten und heilige Orte. Sensitive Menschen können Ley-Linien angeblich sogar mit Wünschelruten aufspüren. Naturverbundene Völker wie die australischen Aborigines nutzten die geheimnisvolle Kraft der Erde und ließen sich von ihr auf unsichtbaren „Traumpfaden“ – dem Pendant zu den europäischen „Leys“ – führen.

Wir können unsere Sensibilität für Kraftorte schulen, indem wir versuchen, die unsichtbaren Kräfte der Natur zu erspüren. So könnten wir unter einem Baum meditieren, versuchen, seine Schwingungen zu fühlen und seine Ruhe in uns aufzunehmen. Wir könnten herausfinden, wo wir uns besonders wohl fühlen, wo uns Energie zu- oder abfließt. Wer auf diese Weise sensibler mit der Natur und mit sich selbst umgeht, kann von der Weisheit der Erde lernen.

⇢ **Ley-Linien**
Es gibt zwei Arten von „Leys“, auch Kraft- oder Drachenlinien genannt:
1. Kommunikationslinien, die zwischen heiligen Gebieten verlaufen und Kraftorte der Erde miteinander vernetzen.
2. Energielinien, die die Lebenskraft in der Landschaft verteilen.
Ley-Linien kann man mit einer Wünschelrute aufspüren.

Positives Denken – *Kraft des Geistes*

„Wie man in den Wald ruft, so schallt es heraus!“, sagt der Volksmund. Oder, um die Bibel zu zitieren: „Was der Mensch sät, wird er ernten.“ Was beiden Weisheiten zugrunde liegt, ist die Annahme einer kosmischen Gesetzmäßigkeit. Sie besagt, dass das, was wir an andere aussenden – seien es Gedanken oder Worte –, wie ein Bumerang zu uns zurückkehrt.

Wer positiv denkt, arbeitet konstruktiv mit der Macht des Unterbewusstseins, denn die Art der Gedanken bestimmt die Qualität unseres Lebens. Kritiker mögen einwenden, positives Denken sei Schönfärberei, oder es handle sich dabei um oberflächliche Psychotricks, mit denen Menschen programmiert werden. Doch bei diesem Einwand – der in manchen Fällen sicher durchaus berechtigt ist – wird prinzipiell der kosmische Aspekt, der dem positiven Denken innewohnt, vernachlässigt.

Vermeiden Sie negative Formulierungen wie etwa: „Das kann ich ja doch nicht.“ Sagen Sie stattdessen: „Das schaffe ich!“ Und sagen Sie es mehrmals! Wiederholung ist wichtig, da die alten negativen Programme das Feld nicht freiwillig räumen. Wenn Sie in dieser Weise an sich arbeiten, gewinnen konstruktive Gedanken allmählich die Oberhand.

Gedanken sind Kräfte. Negative Gedanken ziehen negative Energien an, positive entwickeln eine Affinität zu positiven Menschen und Situationen.

Der britische Biologe Rupert Sheldrake, der sich durch seine Theorie der ⇢ **morphogenetischen Felder** einen Namen gemacht hat, entwickelte einen so genannten Anstarrtest. Er wollte herausfinden, ob Menschen merken, wenn sie von hinten fixiert werden. Bei diesem Test geht es zwar vordergründig um die Überprüfung der Intuition, doch es spielen sich dabei die gleichen Dinge ab wie beim Aussenden positiver oder negativer Gedanken.

⇢ **Morphogenetische Felder**
Rupert Sheldrake geht davon aus, dass alle Formen in der Natur durch formbildende Felder bestimmt werden. Diese morphogenetischen Felder verkörpern eine Art Gedächtnis der Natur, das die Erfahrungen aller Individuen speichert. Jedes Individuum steht durch morphische Resonanz mit diesen Feldern in Verbindung und hat somit Zugang zu allen Informationen.

Sie können die Wirkung Ihrer Gedanken selbst ausprobieren. Sind Sie beispielsweise davon überzeugt, unattraktiv zu sein, entwerfen Sie ein negatives „geistiges Abbild“ von sich selbst. Dadurch wird Ihr Gesicht tatsächlich mit der Zeit unansehnlicher – vielleicht weil Sie es weniger sorgfältig pflegen, oder weil die Mimik den negativen Gedanken folgt. Halten Sie sich hingegen für attraktiv, lächeln Sie häufiger, Ihre Augen leuchten, und die Gesichtszüge entspannen sich. Sie strahlen von innen heraus – auch wenn Ihr Äußeres nicht unbedingt Fotomodell-ansprüchen gerecht wird.

⇒ „Jede Handlung, jeder Gedanke, jede Regung baut an dem Glück oder Unglück deiner Zukunft; sie bauen dein Gemüt, deine Gewohnheiten, es gibt nichts Indifferentes.“
Friedrich Nietzsche

Testen Sie die Macht Ihrer Gedanken auch in Ihrer Umwelt – am Arbeitsplatz oder zu Hause. Wenn Sie positiv über jemanden denken, wird er sich Ihnen gegenüber anders verhalten, als wenn Sie ihn heimlich kritisieren oder gar verachten.

Kennt man diese inneren Zusammenhänge, hat man durch die Gedanken ein magisches Werkzeug in der Hand, mit dem man sein Leben schöner, stressfreier und sinnvoller gestalten kann. Bauen Sie sich durch positives Denken eine „geistige Villa“, zu der unliebsame Gäste – negative und destruktive Gedanken – keinen Zutritt haben.

1 Lachen trotz Regen – die positive innere Einstellung ist entscheidend!

2 Geradezu ansteckend ist die Fröhlichkeit dieser beiden Menschen.

Progressive Muskelentspannung

„Aktiv entspannen ist besser, als passiv erleiden". Nach diesem Motto entwickelte der amerikanische Arzt Edmund Jacobson bereits 1934 ein einfaches, jedoch hochwirksames Übungsprogramm zur Tiefenentspannung – die progressive Muskelentspannung. Der Mediziner fand heraus, dass psychische Probleme sich besserten, wenn die Muskeln aktiv entspannt wurden. Denn Spannung und Entspannung sind zwei Pole des Lebens, die sich im Gleichgewicht befinden sollten. Ist das nicht der Fall, kann es zu gesundheitlichen Störungen kommen.

Durch regelmäßiges Praktizieren von progressiver Muskelentspannung – am besten legt man dafür bestimmte Zeiten fest – ändert sich der Lebensrhythmus. Ruhe und Klarheit stellen sich ein, und Verspannungsschmerzen werden gelindert. Wer unter Depressionen oder schweren Psychosen leidet, sollte allerdings keine Tiefenmuskelentspannung durchführen.

Wenn Sie Ihre Muskeln auf Trab bringen wollen, legen Sie progressiv los! Spannen Sie bei den Übungen die Muskeln nur so stark an, wie es Ihnen angenehm ist! Halten Sie die Spannung in jedem Muskel mindestens sieben Sekunden, und entspannen Sie ihn danach 30 Sekunden lang. In Rückenlage und mit geschlossenen Augen übt es sich am Besten.

Hier ein Übungszyklus, den Sie in etwa 20 Minuten absolvieren können:

1. Ballen Sie Ihre rechte Hand zu einer Faust, und konzentrieren Sie sich auf die Muskeln im Unter-

Erfahrungsgemäß stellt sich bei drei bis vier Sitzungen pro Woche nach ungefähr vier Wochen eine Tiefenentspannung ein. Auch Schmerzen lassen sich mithilfe dieser Methode lindern.

arm. Halten Sie die Muskeln mindestens sieben Sekunden gespannt, und entspannen Sie sie danach 30 Sekunden. Wiederholen Sie dasselbe mit der linken Hand und danach mit beiden Händen gleichzeitig.

2. Heben Sie die Schultern von der Unterlage ab, und spannen Sie sie an. Lassen Sie sie nach einigen Sekunden wieder zurücksinken.

3. Drücken Sie Ihren Kopf gegen die Unterlage, und spüren Sie Ihre Nackenmuskeln. Die Spannung lockern, sodass der Kopf wieder ganz gelöst aufliegt.

4. Ziehen Sie den Bauch möglichst weit ein, und spannen Sie die Bauchmuskeln an. Nach einigen Sekunden die Spannung wieder lösen.

5. Verfahren Sie auf dieselbe Weise mit Gesäß und Oberschenkeln.

6. Zum Schluss krallen Sie die Zehen ein und spannen die Füße in Richtung Boden. Spüren Sie einige Sekunden lang die Anspannung in den Waden, und lassen Sie dann wieder locker.

7. Öffnen Sie nun die Augen, atmen Sie tief durch. Dehnen und strecken Sie den ganzen Körper.

Während einer solchen Übung werden nicht nur die Muskeln gelockert, sondern auch ⇢ **Alphawellen** im Gehirn erzeugt, die einen Zugang zum Unterbewusstsein ermöglichen. Unmittelbar nach einer progressiven Muskelentspannung ist daher ein idealer Zeitpunkt, um sein Unterbewusstsein positiv zu programmieren. Verwandeln Sie negative Gedanken – das sind Energiekiller und Spannungserzeuger ersten Ranges – in Affirmationen, wie etwa: „Ich nehme mir täglich mindestens eine Stunde Zeit für mich.“

Wenn sich Ihr Gesicht wie eine steinerne Maske anfühlt, ist eine Blitz-Tiefenentspannung angesagt. Heben Sie die Augenbrauen an und legen Sie die Stirn in Falten. Konzentrieren Sie sich dabei auf die Schädeldecke. Halten Sie die Spannung einige Sekunden und lassen Sie dann wieder locker.

⇢ **Alphawellen**
Neben Beta- und Thetawellen werden im Gehirn auch Alphawellen erzeugt, deren Frequenz zwischen acht und zwölf Hertz liegt. Alphawellen werden jedoch nur dann gemessen, wenn das Gehirn in völlig entspanntem Zustand ist – wie etwa beim Einschlafen und bei der Tiefenentspannung. Im Alphazustand hat man ein wohliges, entrücktes Gefühl, das Zugang zu anderen Dimensionen ermöglicht.

Qigong – *Kraft der Lebensenergie*

1

„Die Vorstellung ist das Vehikel des Qi." Der chinesische Qigong-Meister Li Zhi-Chang brachte es auf den Punkt: Dieser fernöstlichen Disziplin scheint eine geheimnisvolle Kraft zugrunde zu liegen. Das Qigong stammt – wie auch das Tai Chi Chuan – aus dem Reich der Mitte und weist eine über 5000 Jahre alte Tradition auf. Es dient sowohl der Entspannung als auch der Stärkung von Körper, Geist und Seele. Ziel der vielfältigen Übungen ist es, die Energie, das ⇢**Qi,** über die ⇢**Meridiane** in bestimmte Körperteile zu lenken und den Menschen zu kräftigen.

⇢ **Qi**
Dieser Begriff wird oft mit „Hauch", „Atem" oder „Dampf" übersetzt, bedeutet aber feinstoffliche Lebensenergie.

⇢ **Meridiane**
Das sind Energieleitbahnen, die den ganzen Körper durchziehen. Es gibt zwölf Hauptmeridiane.

Früher wurden die Qigong-Übungen in China vor der Öffentlichkeit geheim gehalten und nur von Meistern an ihre Schüler weitergegeben. Dies war kein elitäres Machtgehabe – der Grund lag vielmehr darin, dass das Praktizieren dieser Übungen zu großer innerer Kraft, bisweilen sogar zu übersinnlichen Fähigkeiten führen soll und man einem Missbrauch vorbeugen wollte.

Heute ist das Qigong jedermann zugänglich und wird sowohl im Osten als auch im Westen von Qigong-Meistern und deren fortgeschrittenen Schülern gelehrt. Man unterscheidet zwischen dem Bewegungs- beziehungsweise äußerem Qigong und dem stillen oder inneren Qigong. Ersteres eignet sich für Menschen, die körperliche Aktivität brauchen, das Zweite hat meditativen Charakter.

Früher wurden chinesische Ärzte dafür bezahlt, dass der Patient gesund blieb. Wurde er dennoch krank, galt dies als Versagen des Arztes.

Die Übungen helfen bei Stress, Herz-Kreislauf-Problemen, Erschöpfung, chronischen Rückenbeschwerden und Störungen des Bewegungsapparats. Sie können aber auch die geistige Entwicklung vorantreiben. Neben körperlichen Übungen werden

Das Qigong hat nicht nur positive körperliche Auswirkungen – es ist darüber hinaus auch ein innerer Weg zur Selbstverwirklichung.

dabei Vorstellungskraft und Atemtechnik eingesetzt. Insbesondere die Bauchatmung ist wichtig, da sie eine Tiefenentspannung bewirkt. Das gehört genauso zu den Grundregeln des Qigong, wie eine spielerische innere Haltung, die nichts erzwingen will.

Die „Lotosblüte" ist eine leichte, im Sitzen durchzuführende Entspannungsübung, die jeder ohne große Mühe praktizieren kann:

Schließen Sie die Augen, und spüren Sie von Kopf bis Fuß in Ihren Körper hinein – lassen Sie in Ihrer Vorstellung das Qi durch die Meridiane fließen, und atmen Sie dabei tief in den Bauch hinein! Entspannen Sie den Punkt zwischen den Augenbrauen und lächeln sanft von innen heraus. Visualisieren Sie unterhalb des Nabels eine nach oben geöffnete Lotosblüte, die Ihren gesamten Bauch ausfüllt. Stellen Sie sich vor, dass sich die Lotosblüte beim Einatmen öffnet und beim Ausatmen wieder schließt. Üben Sie dies einige Minuten – Sie werden sich danach angenehm entspannt und ruhig fühlen!

2

1 Qigong-Kugeln lässt man in der Hand mithilfe der Finger kreisen.

2 Das Qi wird durch Bewegungen zum Fließen gebracht.

3 Beim stillen Qigong steht die Meditation im Vordergrund.

3

Reflexzonenmassage

„Handle so, dass es meinem Wohlergehen förderlich sei, und trachte danach, mir keinen Schmerz zuzufügen.“ Diese Worte erinnern an Immanuel Kants kategorischen Imperativ aus dem 18. Jahrhundert. Sie sind jedoch etwa 4200 Jahre alt und stehen als Inschrift im Grab des ägyptischen Arztes Anchma-Hor in Sakkara; ein Wandrelief zeigt eine Hand- und Fußmassage.

Tun Sie sich etwas Gutes, indem Sie regelmäßig Ihre Hände und Füße behutsam massieren. Dabei kommt Energie zum Fließen, und man baut Stress ab.

Allerdings kannten nicht nur die Ägypter diese Heilmethode, die heute als Reflexzonenmassage bekannt ist. Bei vielen Indianerstämmen wurde das Wissen, dass erkrankte Organe durch Hand- und Fußmassage geheilt werden können, über Generationen hinweg weitergegeben. Dem amerikanischen Arzt Dr. William Fitzgerald (1872–1942) ist es zu verdanken, dass dieses alte Erfahrungsgut nicht in Vergessenheit geriet. Er hat es systematisiert und aufgeschlossenen Therapeuten und Ärzten vermittelt. Ein gewisser Dr. Riley interessierte sich besonders dafür und entwickelte Fitzgeralds ⇢ **Zonentherapie** weiter. Eine Schülerin Rileys, die Masseurin Eunice Ingham, veröffentlichte Bücher über diese Heilmethode. So gelangte die Reflexzonenmassage schließlich auch nach Europa. Vor allem die Fußreflexzonenmassage hat inzwischen einen festen Platz sowohl in der Gesundheitsvorsorge als auch bei der Therapie von Krankheiten.

⇢ **Zonentherapie** William Fitzgerald teilte den Körper in Längs- und Querzonen ein. Die zehn Längszonen laufen vom Kopf bis zu den Zehen und von den Schultern bis zu den Fingern. Die drei Querzonen liegen in Höhe der Schultern, des unteren Rippenbogens und im Beckenbereich.

Die Fußreflexzonenmassage geht davon aus, dass die Füße ein Abbild des gesamten Menschen sind, ein Spiegel seines Befindens. Alle Organe des Körpers stehen mit einer bestimmten Zone auf den Fußsohlen in Verbindung. So befindet sich etwa die

1 Die Kunst, genau die richtigen Zonen zu berühren, kann man erlernen.

2 Eine vertrauensvolle Beziehung zwischen Patientin und Therapeutin verstärkt die Wirksamkeit der Reflexzonentherapie.

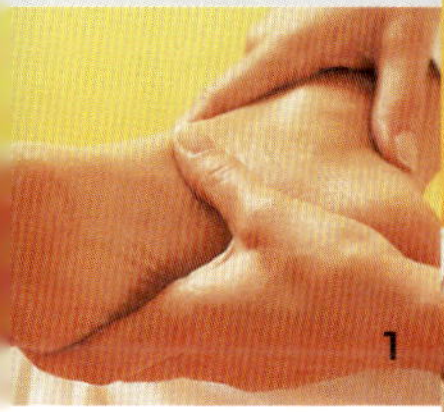

Eine Reflexzonenmassage der Hände und Füße hilft bei Rheuma, Kreislaufproblemen, Verdauungsstörungen, Menstruationsproblemen, Kopfschmerzen, Migräne, Verspannungen, Heuschnupfen, Blasenentzündungen und Erkältungen. Bei Fieber, Infektionen, Schwangerschaften und Entzündungen im Venen- und Lymphsystem sollten Laien auf eine Selbstmassage verzichten.

Zone, die dem Magen zugeordnet ist, direkt unterhalb des Grundgelenkballens der Großzehe. Wird diese Stelle massiert, hat das eine direkte Auswirkung auf den Magen. Reflexzonenmassagen wirken auf zwei Ebenen: Zum einen werden die Organe besser durchblutet und können sich dadurch regenerieren, zum anderen kommt es auch zu einer psychischen und seelischen Entspannung, die auf den verbesserten Energiefluss, aber auch auf die Zuwendung zurückzuführen ist, die man bei der Massage erfährt. Dabei spielt es keine Rolle, ob diese von einem ausgebildeten Therapeuten durchgeführt wird – was bei der Behandlung von Krankheiten der Fall sein sollte – oder von Laien, die sich gegenseitig etwas Gutes tun möchten.

Reiki – *die Kraft der Hände*

„Wer ernsthaft lernt und hingebungsvoll an sich arbeitet, um seinen Körper und seinen Geist zu verbessern, ist ein Mensch von großem Geist."
Inschrift auf dem Gedenkstein für Dr. Mikao Usui

Eine uralte Heilkunst – Leiden beheben durch das Auflegen der Hände – wurde Anfang des Jahrhunderts von dem japanischen Mönch Dr. Mikao Usui (1865–1926) wiederentdeckt. Der weise Mann pilgerte eines Tages auf den heiligen Berg Kurama, um dort 21 Tage zu fasten und zu meditieren. Am Ende seines Reinigungsprozesses wurde er zum Kanal für göttliche Energien, die ihn von nun an durchströmten und zum Heilen anderer Menschen befähigten. Er nannte sie „Reiki", was so viel wie „universelle Lebensenergie" bedeutet.

1921 eröffnete Dr. Usui in Tokio eine Klinik, in der er Heilungssitzungen durchführte. Schon bald strömten die Menschen in Scharen herbei, um sich durch das Übertragen von Lichtenergie heilen zu lassen. Nach seinem Tod wurden Usuis spirituelle Richtlinien zunächst strikt befolgt. Doch seit Reiki in aller Welt gelehrt wird, haben sich verschiedene Richtungen herausgebildet, die sich untereinander

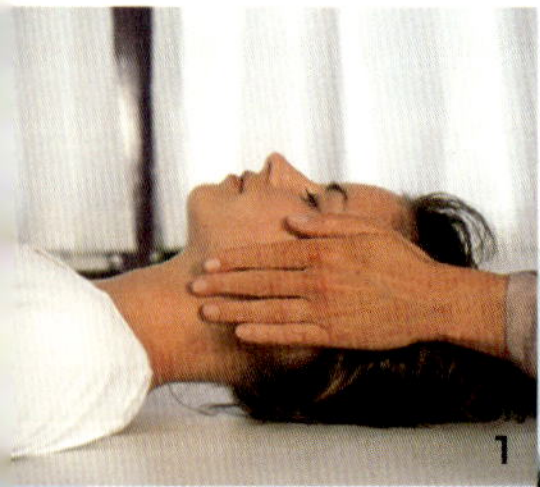

1

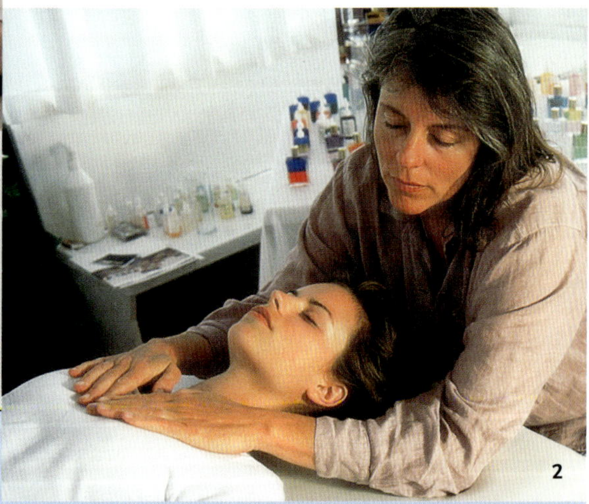

2

1 Erfahrungen zeigen, dass sich durch Reiki auch hartnäckige Kopfschmerzen beseitigen lassen.

2 Reiki lässt sich auch mit andren Heilmethoden wie Aura-Soma kombinieren.

streiten, wer nun die „Originallehre" im Sinne des Dr. Usui vermittelt. Reiki kann nur von jemandem übertragen werden, der „eingeweiht" und „dem universellen Energiestrom angeschlossen" ist.

Dr. Mikao Usui hat fünf grundlegende Prinzipien hinterlassen – ursprünglich die Richtlinien für ein erfülltes Leben, die der Meiji-Kaiser Mutsuhito (1852–1912) niedergelegt hatte.
1. Ärgere dich heute nicht.
2. Sorge dich heute nicht.
3. Sei heute dankbar.
4. Arbeite heute hart.
5. Sei heute nett zu deinen Mitmenschen.

Man unterscheidet – je nach Schule – zwischen drei bis vier Graden, zu denen jeweils mehrere Einweihungen gehören. Der erste Grad ist in vier Einweihungen unterteilt, bei denen die Reiki-Kraft übertragen wird. Man lernt dabei, wie die Hände aufgelegt werden, und erlebt, wie universelle Lebensenergie in den Körper fließt.

Während beim ersten Grad der Körper im Vordergrund steht, spielt beim zweiten Grad das spirituelle Wachstum eine große Rolle. Bei den dazugehörenden Einweihungen werden von Dr. Usui vermittelte kraftvolle Symbole angewendet, die vor Nichteingeweihten geheim gehalten werden. Diese Symbole sollen den Energiefluss verstärken und auch eine **Fernbehandlung** ermöglichen. Bei der Erlangung des dritten Grads wird der Schüler in das Reiki-Meister-Symbol eingeweiht, das eine direkte Verbindung mit dem göttlichen Funken in unserer Seele bewirken soll. Der letzte und vierte Grad besteht darin, dass Schüler des dritten Grads ihrerseits Nachwuchs ausbilden und einweihen.

Fernbehandlung
Da es sich bei Reiki um eine kosmische Energie handelt, können Heilungen – oder einfach das Senden von positiven Schwingungen – auch über eine große Distanz erfolgen. Hilfreich ist es, wenn man ein Foto der betreffenden Person besitzt und sich dadurch noch besser auf deren Energie einstimmen kann.

Eine umfassende Reiki-Behandlung dauert etwa eine Stunde. Heilmethoden wie Massagen und Akupressur, bei denen die Hände eingesetzt werden, können durch Reiki verstärkt werden. Doch auch viele Gesunde empfinden diese Energieübertragung als Wohltat, denn sie kann Körper und Geist harmonisieren sowie Stress abbauen.

1

Rituale – *Macht der Wiederholung*

Wir alle brauchen sie – die Gewissheit, dass bestimmte Dinge im Leben Bestand haben. Dinge, die uns Halt geben, Zugehörigkeit vermitteln, Vertrauen schaffen und in unserem unsteten, schnelllebigen Alltag einen stabilen Rahmen bilden. Diesen Zweck erfüllen ⇢ **Rituale.**

⇢ Rituale
Der Begriff „Ritual" stammt vom lateinischen „ritualis" und bedeutet „den Gebrauch betreffend".

„Alle Jahre wieder ..." Mit diesen Worten beginnt eines der bekanntesten christlichen Weihnachtslieder, das gleich in doppelter Hinsicht ein Ritual ist. Zum einen durch seinen Text, zum anderen weil es Sinnbild des Weihnachtsfests ist – ein tief in der abendländischen Kultur verwurzeltes Ritual, das selbst in der modernen Konsumgesellschaft Familien jedes Jahr meist mit den gleichen Gebräuchen in einem „rituellen Beisammensein" vereinigt.

Bauen Sie ein kleines Ritual in Ihr Leben ein! Wenn Sie gestresst sind, verordnen Sie sich ein Anti-Stress-Ritual: Gitarre spielen, den Himmel beobachten, ein heißes Fußbad nehmen oder was immer Ihre gereizten Nerven entspannt. Wenn Sie Kunst mögen, blättern Sie in einem Kunstband, oder gehen Sie ins Museum. Und vergessen Sie nicht: Das A und O eines Rituals ist die Wiederholung!

Zum Wesen eines Rituals gehört es, dass ihm eine Kraft innewohnt. Damit diese Kraft nicht verloren geht, sollte ein Ritual möglichst regelmäßig wiederholt werden. So simpel es auch klingt: Ein Ritual, das nicht stattfindet, hat keine Wirkung! Wird es jedoch praktiziert, kann es Wirkung zeigen – selbst dann, wenn man das eigentliche Ritual gar nicht versteht. Würde man etwa Zeuge einer kultischen Handlung der australischen Aborigines, könnte man die enorme Wirkung ihrer Tänze, Beschwörungen und Gesänge spüren, auch wenn man keinerlei Ahnung hätte, worum es dabei geht. Diese Wirkung verstärkt sich um ein Vielfaches, wenn man in das Ritual eingeweiht wird.

Wirft man einen Blick auf unser Alltagsleben, wimmelt es auch da geradezu von Ritualen – wenn auch der einfacheren Art: Morgen- und Abendrituale, Begrüßungs- und Abschiedsrituale, Partnerschaftsrituale, Sonntagsrituale – um nur einige zu nennen – sind unauffällige Bestandteile unseres Alltags. Welchen Stellenwert sie für uns haben, bemerken wir oft erst, wenn sie wegfallen. Psychologen sind davon überzeugt, dass Alltagsrituale ein „Betthupferl“ sind – für Kinder und Erwachsene! Sie entspannen, versöhnen, vermitteln „Wellness“ und machen oft ganz einfach Spaß!

Ernsthafter geht es bei den so genannten Einweihungsritualen zu. Sie wurden bereits von den Naturvölkern praktiziert und hatten von jeher eine besondere Faszination. Auch bei den **Freimaurern** und Rosenkreuzern sind rituelle Einweihungen an der Tagesordnung, durch die ein Neuling in die Loge oder in den Orden aufgenommen wird. Diese Art von Ritual stellt einen Schutz dar und schafft eine geistige Verbindung zu dem Orden. Doch ganz gleich, ob es sich um ein derart anspruchsvolles spirituelles Zeremoniell oder lediglich um ein harmloses Alltagsritual handelt – Rituale sind faszinierend, und ohne sie wäre die Welt um einiges ärmer!

Freimaurer
In der Freimaurerei gibt es die drei elementaren Grade Lehrling, Geselle und Meister. Die Aufnahme in eine Loge erfolgt durch eine rituelle Einweihung, bei der der alte Mensch symbolisch stirbt, sodass der neue geboren werden kann. Eine Schlüsselfigur im Freimaurertum ist der als Held verehrte Baumeister Hiram Abif. Er hat König Salomo beim Tempelbau unterstützt. Seine Weigerung, die Geheimnisse des dritten Grades weiterzugeben, hat er angeblich mit dem Leben bezahlt.

1 Auch bei Indianerstämmen spielte die Kraft von Zeremonien und Ritualen eine große Rolle. Illustration von Theodor de Bry, 1564

2 Gesellschaftsspiele fördern das Familienleben. Für Kinder sind sie häufig heiß geliebte Rituale.

Rolfing – *wenn Stress dahinschmilzt*

„Faszien sind das Organ der Form."
Ida Rolf

Ein Rolfing-Klient der ersten Stunde war Fritz Perls, der Begründer der Gestalttherapie. Nach nur zwei Sitzungen bei Ida Rolf war er von dieser neuen Methode – die er als eine ideale Ergänzung zur Psychotherapie betrachtete – begeistert. Er überredete sie, die strukturelle Integration in Esalen, einem holistischen Zentrum in Kalifornien, zu unterrichten.

Es beseitigt nicht nur Blockaden und baut Stress ab, es ist auch ein Mittel zur Selbsterkenntnis: Wer sich auf eine Rolfing-Behandlung einlässt, sollte die Bereitschaft mitbringen, sich zu verändern. Denn die Arbeit in den tieferen Schichten des Körpers kann auch intensive psychische Prozesse auslösen.

Wie kann sich der menschliche Körper im Feld der Schwerkraft ohne Mühen aufrecht und harmonisch bewegen – Voraussetzung für ein Leben, das im Fluss ist? Mit dieser Frage beschäftigte sich in den 50er- bis 70er-Jahren die Biochemikerin Ida Rolf. Die Wissenschaftlerin, nach der das Rolfing benannt ist, hat als Erste erkannt, dass die Schwerkraft eine formgebende Wirkung auf den Organismus hat. Sie entdeckte ferner, dass durch tiefe Bindegewebsmanipulationen Verspannungen reduziert und die Körperstruktur eines Menschen in ein neues Gleichgewicht gebracht werden kann. Diesen Prozess bezeichnete sie als strukturelle Integration. Später wurde ihre Methode in Rolfing umbenannt.

Rolfing ist darauf aufgebaut, dass jeder Mensch eine für ihn typische Körperhaltung und ebenso unverkennbare Bewegungen hat. Dieses Grundmuster wird als Struktur bezeichnet, die dem Einzelnen normalerweise nicht bewusst ist. Ida Rolf zufolge ist der menschliche Organismus seinem eigenen Kräftefeld und zugleich der Schwerkraft unterworfen. Das bedeutet, dass der Körper durch Bewegungsabläufe, eine vorherrschende emotionale Grundstimmung sowie die Schwerkraft geformt wird.

Der Körper ist wie ein Spiegel, in dem sich emotionale und seelische Probleme abbilden. Zieht

1 Eine Rolfing-Behandlung dauert etwa 60 Minuten; optimal sind zehn Sitzungen.

2 Der Rolfer findet heraus, wo die Balance im Körper gestört ist. Entsprechend wird das Bindegewebe bearbeitet.

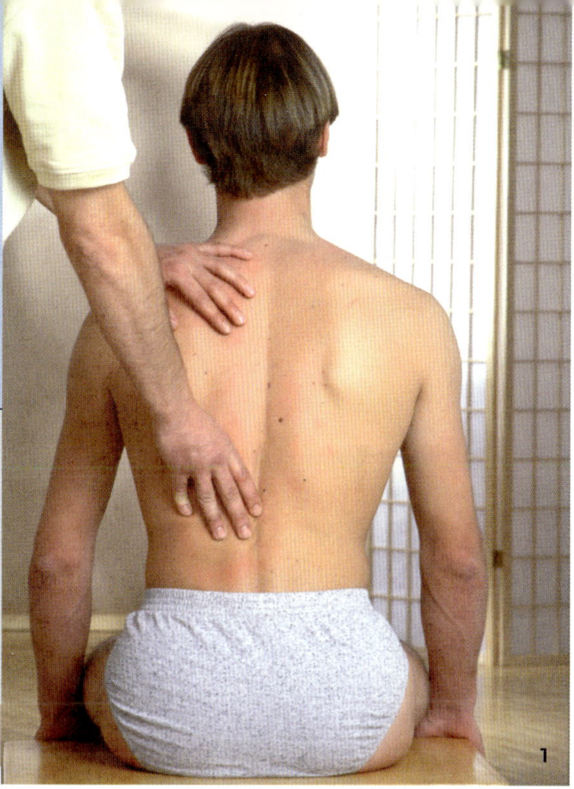

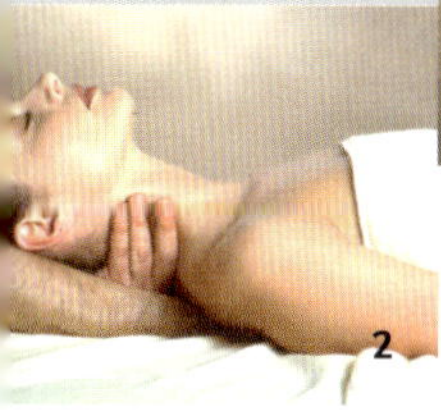

Faszien
Faszien – sehnig-fasrige Bindegewebshäute – durchziehen den ganzen Körper und umhüllen alle Knochen, Muskeln und Organe. Sie verdicken sich in Regionen mit starken Spannungen und verkürzen sich bei geringer Beweglichkeit. Dadurch werden den Muskeln Dauerbelastungen erleichtert. In den Faszien befinden sich auch viele kinästhetische Sinnesorgane, die darüber entscheiden, wie jemand geht, steht oder sitzt.

man immer die Schultern hoch, kompensiert man damit möglicherweise Ängste, die sich im Körper als Schulterverspannung manifestieren. Die Sehnen und **Faszien,** die das Bindegewebe bilden, verkürzen oder verlängern sich durch Fehlhaltungen, es entstehen Energieblockaden, die die Lebenskraft „einmauern“.

Sinn einer Rolfing-Behandlung ist es, diese Mauern zu durchbrechen. Zunächst ermittelt der Rolfer, wo im Körper die Balance gestört ist und wo harmonische Voraussetzungen vorhanden sind, auf denen er aufbauen kann. Bei der Behandlung formt der Rolfer das Bindegewebe des Patienten mittels Fingerkuppen, Händen und Ellbogen. Dabei werden Spannungsmuster aufgelöst und krank machende Körperstrukturen verändert.

Schlaf – *totale Tiefenentspannung*

„Es ist ein fahrlässiger Traum zu glauben, man könne mit weniger Schlaf auskommen.“
Scott Campbell

Schon Johann Wolfgang von Goethe wusste die entspannende Wirkung eines erholsamen Schlafs zu schätzen. Seiner Seelengefährtin Charlotte von Stein schrieb er einst, dass er nur zwei Götter habe – sie und den Schlaf. „Ihr heilet alles an mir, was zu heilen ist“, gestand der große Dichter, der im Schnitt neun Stunden täglich schlummerte. Auch Friedrich Nietzsche war davon überzeugt, dass Schlaf das natürlichste Heilmittel der Welt sei, über Verstimmungen hinweghelfe, ja selbst Depressionen heilen könne. Angeblich schlafen geniale Menschen länger als weniger talentierte – was noch zu beweisen wäre. Immerhin ist auch von Albert Einstein bekannt, dass er bis zu zwölf Stunden im Bett zubrachte, ohne sich dafür auch nur im Geringsten zu rechtfertigen.

Ein regelmäßiges Schlafritual kann Wunder wirken. Ob Sie vor dem Zubettgehen ein Glas warme Honigmilch trinken oder ein heißes Fußbad nehmen – das den Solarplexus wunderbar entspannt – Ihr Unterbewusstsein registriert, dass es nun Zeit für die Nachtruhe ist.

Doch für gestresste Zivilisationsmenschen wird eine ungestörte Nachtruhe zunehmend zum Luxus. Der Deutschen Gesellschaft für Schlafforschung und Schlafmedizin zufolge klagen über 20 Millionen Deutsche über Schlafstörungen. Ob sie nur schwer einschlafen, häufig aufwachen oder sich mit schlimmen Alpträumen quälen – die negativen Auswirkungen sind stets die gleichen: Es kommt zu nervösen Störungen, Depressionen und einem allmählichen Leistungsabfall.

Deltawellen
Im Tiefschlaf ist der Körper völlig entspannt. Die Atmung verlangsamt sich, die Temperatur sinkt. In dieser Phase werden Deltawellen mit einer Frequenz von 1 bis 3 Hertz gemessen.

In den vergangenen Jahren haben – nicht zuletzt wegen dieser Problematik – zahlreiche Wissenschaftler das Phänomen Schlaf erforscht. Heute ist bekannt, dass wir dabei vier Stadien durchlaufen. Das vierte Stadium entspricht der Tiefschlafphase, die durch so genannte **Deltawellen** gekennzeichnet ist. Dieser Tiefschlaf ist der wichtigste. Kommt er zu kurz, fühlen wir uns am nächsten Morgen müde und zerschlagen. Aber es gibt auch eine erfreuliche wissenschaftliche Erkenntnis: Richtiges Schlafen kann man lernen.

Hier nur einige Tips, wie Sie in Zukunft leichter ins Reich der Träume gleiten können:
Gehen Sie möglichst immer zur gleichen Zeit ins Bett. Relaxen Sie in einem heißen Bad oder hören Sie entspannende Musik. Verdunkeln Sie Ihr Schlafzimmer. Meditieren Sie direkt vor dem Zubettgehen, um die psychischen Tageslasten abzuwerfen, oder arbeiten Sie mit positiven Autosuggestionen. Und so banal es auch klingen mag: Sorgen Sie für eine gute Matratze! Wenn Sie überdies Ihr Schlafzimmer in ein Schmuckkästchen verwandeln, in dem Sie sich geborgen fühlen, werden Sie vielleicht auch bald zu den glücklichen – latent genialen – Langschläfern gehören! Und keine Angst: Das Weckhormon ACTH – Ihre innere Uhr – sorgt dafür, dass Sie auch rechtzeitig wieder aufwachen.

Eine wissenschaftliche Studie mit Freiwilligen, die 60 Stunden hintereinander im Bett liegen mussten, ergab, dass die Testpersonen – die ja eigentlich nicht müde sein konnten – alle vier Stunden einnickten. Diese Nickerchen passierten morgens um zehn, mittags um zwei und abends um sechs Uhr und fielen damit mit den im Arbeitsleben allgemein bekannten Tagestiefs zusammen.

1 Gesunder Schlaf führt zu einer tiefen Entspannung.

2 In Schlaflabors werden wichtige Daten festgehalten.

3 „Die schlafende Schäferin“ von François Boucher (1703–70)

Shiatsu – *vom Geben und Nehmen*

„Shi" heißt Finger und „Atsu" bedeutet Druck. Daraus entstand die deutsche Bezeichnung „Fingerdruckmassage".

Tsubos
Die Bedeutung ist „Gefäß" oder „Vase". Tsubos sind besonders sensible Punkte entlang den Meridianlinien – den Leitbahnen, durch die das Qi fließt. Über die Tsubos kann man intensiv auf das energetische System eines Menschen einwirken. Kennt man die Lage der Tsubos, ist auch eine Selbstbehandlung möglich.

In Asien wurde es früher hauptsächlich innerhalb der Familien praktiziert. Denn Shiatsu ist in erster Linie eine Energieübertragung zwischen zwei Menschen, mit der man sich gegenseitig helfen kann, Schwäche oder Gesundheitsstörungen zu beheben. Vor 1000 Jahren wurde diese Massagetechnik dann von chinesischen Ärzten nach Japan gebracht. Doch erst in diesem Jahrhundert haben japanische Therapeuten wie Namikoshi und Masunaga das Shiatsu zu einer professionellen Therapie entwickelt und in Europa bekannt gemacht. Hier hat es sich inzwischen als ganzheitliche Heilbehandlung etabliert.

Bei einer Shiatsu-Behandlung werden die Meridiane – die „energetische Landkarte" unseres Körpers – mit sanftem Finger- oder Händedruck massiert. Ziel der Behandlung ist es, Verspannungen und Blockaden zu lösen, sodass die Lebensenergie – das Qi – wieder ungehindert fließen kann. Innerhalb der Meridianbahnen gibt es sensitive Punkte, so genannte **Tsubos**. Sie liegen meist dort, wo sich Muskelschichten kreuzen und hartes Gewebe bilden oder wo Knochen unmittelbar unter der Haut liegen. Diese Stellen öffnen sich unter Druck oder sanfter Berührung, sodass das Qi hier besonders leicht in Bewegung gebracht werden kann. Ein Shiatsu-Therapeut kann diese Punkte aufspüren und gezielt an ihnen arbeiten.

Sich auf eine Shiatsu-Behandlung einzulassen, bedeutet auch immer ein Sich-Öffnen – sowohl für den Patienten als auch für den Therapeuten. Hat man kein Vertrauen zu der behandelnden Person oder empfindet man sie sogar als unsympathisch,

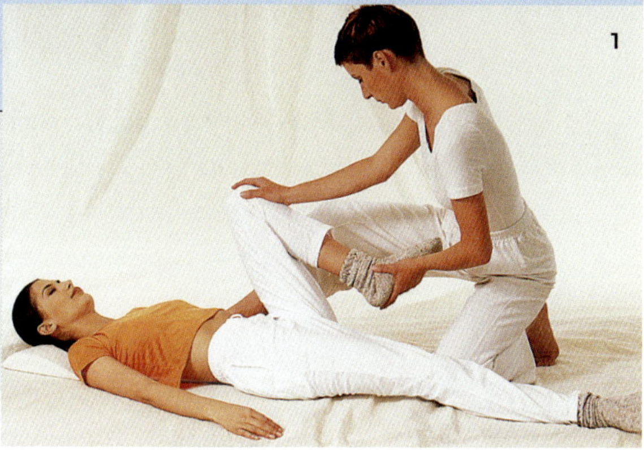

1 Werden die richtigen Energiepunkte berührt, kommt das Qi zum Fließen.

2 Kopfschmerzen lassen sich durch Fingerdruck wegmassieren.

„Wer handelt, verdirbt es. Wer festhält, verliert es.“ *Laotse*

wird auch die Massage keinen großen Erfolg haben. Denn, wenn das Fließen des Qi durch negative Emotionen blockiert wird, kann auch der beim Shiatsu erforderliche Prozess des Gebens und Nehmens nicht zustande kommen. Hat umgekehrt der Therapeut die Gewissheit, dass er angenommen wird, kann er seine Arbeit besser verrichten. Auf diese Weise entsteht ein positiver gegenseitiger Energiefluss – eine sensible Kommunikation ohne Worte.

Wichtig ist, dass keinerlei Leistungsdruck oder Erfolgszwang besteht, sondern die Dinge sich von innen her entwickeln dürfen. Voraussetzung dafür ist ein Loslassen und Geschehenlassen im Sinne der taoistischen Philosophie des Wu Wei („Nichthandeln“, „geschehen lassen“). Um gute Rahmenbedingungen für diesen Prozess zu schaffen, sollte die Massage deshalb immer an einem ruhigen, ungestörten Ort stattfinden.

Eine Shiatsu-Behandlung kann positive Auswirkungen auf das gesamte Befinden haben: Berührungsängste können abgebaut, die Konstitution gestärkt, Stress vermindert, die Gesundheit verbessert und der Geist in neue Bahnen gelenkt werden.

Spiel – *das innere Kind erwecken*

1

„Spiel ist jede in der Regel gesellige Tätigkeit, die aus Freude und Funktionslust an dieser Tätigkeit selbst geschieht, verbunden mit der Freude an ihrem gegenständlichen Inhalt und Ergebnis.“ So steht es im Lexikon – eine etwas magere Beschreibung für so viel Spaß!

Schon der große Kirchenvater Thomas von Aquin (1225–74), der dafür bekannt war, wissenschaftliche Erkenntnisse mit dem Weltbild der Religion zu verknüpfen, gab dem Spielen seinen Segen: „Der wahrhaft Weise muss ab und zu die gespannte Schärfe seines Geistes lässig lockern – und eben das geschieht durch spielendes Tun und Reden.“

Sind Sie erwachsen und spielen doch noch gern? Dann kann man Ihnen nur gratulieren, denn Sie gehören zu den Menschen, die ungeachtet ihres biologischen Alters innerlich jung geblieben sind. Spiele aller Art – das hat die moderne Psychologie inzwischen einwandfrei nachgewiesen – sorgen für eine gesunde Psyche und lösen zudem auf leichte Weise so manches Lebensproblem.

Denn wer spielt, vergisst sich selbst für eine Weile mitsamt seinen Sorgen. Das ist herrlich befreiend, entspannend und darüber hinaus auch kreativ, da beim Spielen die Ideen bisweilen nur so „purzeln“. Bei Gesellschafts- und Teamspielen wird zudem auch unser soziales Bedürfnis befriedigt, der Kameradschaftsgeist gefördert, und es können neue Kontakte entstehen.

Entwickeln Sie Ihr kreatives Potenzial und erfinden Sie selbst ein Spiel! Wie wäre es mit einem Quiz? Wenn Sie ein Hobby haben, können Sie daraus ein Fragespiel zusammenstellen. Das macht nicht nur Spaß – Ihre Mitspieler können auch eine Menge dabei lernen!

Ob Sie ausgelassen mit Kindern toben, knifflige Denkaufgaben lösen, beim königlichen Schach die Zeit vergessen, mit Freunden am Stammtisch Karten „klopfen“, über Kreuzworträtseln brüten, Patiencen legen, Fußball spielen oder sich mit dem Zungenbrecher „Fischers Fritze“ abmühen – das alles dient der Entspannung und fördert somit die Lebensfreude. Ein weiterer Punkt: Spielen bringt auch das Lachen mit sich. Und Lachen ist nun einmal

Schach – diese „wundersame Gabe aus dem Morgenland“ – für viele immer schon von großer Faszination –, hat inzwischen sogar den „Spielplatz“ Internet erobert. So berät die 14-jährige Elisabeth Pähtz – ein „Schachwunder“ aus Erfurt, die bereits mit zehn Jahren Vizeweltmeisterin wurde – Internetbenutzer beim Schachspiel gegen den Weltmeister Garry Kasparow.

gesund: Weil es Glückshormone ausschüttet, die den Organismus vor Schadstoffen schützen. Zugegeben, manchmal gibt es auch frustrierende Situationen, wenn man beispielsweise ganz knapp eine tolle Schachpartie verliert. Doch auch das gehört zum „Spiel des Lebens“, bei dem einem das Lachen nicht unbedingt vergehen muss.

Sollten Sie ein eingefleischter Spielegegner sein, versuchen Sie bei der nächsten Party doch einfach mal über Ihren Schatten zu springen. Sie werden staunen, wie das die Stimmung hebt! Falls Ihnen nichts anderes einfällt, versuchen Sie es mit einem Ratespiel. Das ist unverfänglich und kann höchst erheiternd sein. Eine eventuelle Stimmungsflaute lässt sich damit jedenfalls im Sinne des heiligen Thomas „lässig lockern“. Und möglicherweise werden Sie Ihre Freunde und Bekannten von einer ganz anderen Seite kennenlernen. Beim Spielen zeigen wir nämlich unser wahres Gesicht, und somit ist es auch ein wunderbares Mittel zur Selbsterkenntnis!

2

3

1 Würfelspieler – Ausschnitt aus einem römischen Mosaik

2 Auch aus Sand lässt sich ein Spielbrett herstellen – Spieler in Ägypten.

3 Klassisch und unschlagbar – das Schachspiel

Stille *erfahren*

„Wenn das Gefühl nicht mehr von innerer Ruhe beseelt ist, so entnervt seine Kraft den Menschen in seinem Innersten und plagt ihn mit finsteren Qualen in Tagen, in denen der heitere Weise lächelt."
Johann Heinrich Pestalozzi

Shoichi war ein japanischer einäugiger Zenlehrer, der vor Erleuchtung strahlte. Er lehrte seine Schüler im Tofuku-Tempel, in dem absolute Stille herrschte. Es gab weit und breit kein Geräusch. Sogar das Rezitieren von Sutras war vom Meister abgeschafft worden. Seine Schüler hatten nichts zu tun als zu meditieren. Als der Meister starb, hörte ein Nachbar das Klingeln von Glocken und das Rezitieren der Sutras. Da wusste er, dass Shoichi tot war.

Hätten die Schüler die Lehre ihres Meisters wirklich verstanden, hätten sie nach seinem Tod die Stille beibehalten. Doch offenbar hatten sie das Wesen der wahren inneren Stille noch nicht erkannt. Es gibt zwei verschiedene Arten der Stille: die, die von außen her erzwungen ist und jederzeit gestört werden kann, und die wahre innere Stille – ein Zustand, den man sich selbst erarbeitet hat und der einem nicht mehr genommen werden kann.

Henry David Thoreau Am 11. Januar 1842 starb Thoreaus Bruder an Wundstarrkrampf. Der Schriftsteller zog sich in die Einsamkeit nach Walden Pond zurück und lebte dort über zwei Jahre in einer einfachen Hütte. Seine Erfahrungen hielt er in dem Buch „Walden" fest. Thoreau, der am 12.7. 1817 in Concord, Massachusetts, geboren wurde, starb am 6. Mai 1862 an Tuberkulose.

Viele Menschen sehnen sich in unserer immer lauter werdenden Welt nach Stille. Man sucht sie in der Natur, fliegt in ferne Paradiese, um eine Zeit lang abzuschalten. Doch die Ruhe und Stille, die man dort findet, ist nur eine „geliehene", die sich schnell verflüchtigt, wenn die alten Lebensbedingungen wieder gegeben sind. Um zu wahrer innerer Stille zu kommen, kann man meditieren, seine Gedanken kontrollieren und versuchen, in Harmonie zu leben. Oder ganz einfach mitten im alltäglichen Leben möglichst oft innehalten und bewusst in sich hineinhören.

Der Schriftsteller **Henry David Thoreau** saß stundenlang an der Eingangstür in seiner einsam gelegenen Hütte im Wald, beobachtete die Natur und lauschte in sich versunken der Sprache seiner Seele. Dieses scheinbar passive Dasein hatte für Thoreau eine ungeheuer wichtige Bedeutung: „In solchen Stunden wuchs ich wie das Korn in der Nacht. Sie waren viel besser, als irgendwelches Werk meiner Hände gewesen wäre."

„Wenn dein Geist nicht von unnötigen Dingen umwölkt ist, ist dies die beste Jahreszeit."
Wu-Men

Zwar hat nicht jeder die Möglichkeit, in einer Hütte im Wald in sich versunken der Sprache seiner Seele zu lauschen. Doch man kann sich auch mitten in einer lauten Stadt einen Ort schaffen, der der Ruhe und Stille gewidmet ist – eine Oase, in die man sich jederzeit zurückziehen kann. Zwar ist dies – wie Shoichis Tempel – zunächst nur ein äußerer Ort der Stille, doch irgendwann überträgt sich dieser Zustand auch ins Innere. Stille ist ihrem Wesen nach ein Seinszustand und an keinen Ort gebunden. Hat jemand wahre Stille in sich verwirklicht, verbreitet er – wie Meister Shoichi – Harmonie und Ruhe, wo immer er sich aufhält.

„Ich höre, was die Berge, die Wälder und die Bauernhöfe sagen."
Martin Heidegger

1 Buchen im Frühjahr: In der Einsamkeit eines Waldes kann man am ehesten Stille erfahren.

2 Meditierender Mönch im Goldenen Summit Temple in Sichuan, China

Stress – *ein modernes Phänomen*

Das Stressphänomen wurde erstmals in den 30er-Jahren von amerikanischen Wissenschaftlern als solches erkannt und erforscht.

Lachen Sie öfter! Beim Lachen werden Beta-Endorphine produziert, die zu innerer Hochstimmung führen.

Farben können Stress auslösen oder dämpfen. Nachdem in einem amerikanischen Gefängnis die Zellwände rosa gestrichen worden waren, ließen die Aggressionen der Häftlinge deutlich nach.

Er lässt uns durch den Tag hetzen, nachts nicht zur Ruhe kommen und bedroht unsere Gesundheit: Stress, das Schreckgespenst des Industriezeitalters, scheint unser ganzes Leben zu bestimmen. Und doch ist Stress ein natürlicher Bestandteil des Daseins, den es wohl schon immer gegeben hat: Ein Leben ohne ihn ist kaum vorstellbar – und wir würden es auch gar nicht wirklich wollen! Ob wir Tennis spielen, einen spannenden Film ansehen oder einen Berg besteigen – der erhöhte Adrenalinspiegel, eine Begleiterscheinung des Stress, verschafft uns den erwünschten Kick. Wären wir nicht einem gewissen Stress ausgesetzt – sei es im Beruf oder bei Familie und Freunden –, würden wir bei weitem nicht so viele Herausforderungen meistern. Wenn Stress anregend ist und den Menschen mit Energie versorgt, nennt man ihn „positiven" Stress oder Eustress.

Aber natürlich kann sich Stress auch negativ auswirken und zum krank machenden Disstress führen – nämlich dann, wenn wir nicht angemessen damit umgehen können. Situationen, die wir normalerweise als belastend erleben – sei es eine Erkrankung, eine Krise in der Partnerschaft, der Verlust des Arbeitsplatzes oder ähnlich tief greifende Veränderungen –, werden häufig durch unsere negative innere Einstellung zu einem noch größeren Problem. Stress ist in vielen Fällen eine Frage der Geisteshaltung. Zweifellos sind wir unendlich vielen realen Situationen ausgesetzt, die unser Leben beeinträchtigen, wie Lärmbelastung, Verkehrsstaus, Überforderung oder Mobbing am Arbeitsplatz. Doch bisweilen wird dieser Begriff auch strapaziert, um sich den Anstrich

1 Eustress oder Disstress? Im hektischen Berufsalltag kann positiver Stress rasch in belastenden umschlagen.

2 Raus aus dem Stress – bevor er zur Erschöpfung führt!

von Wichtigkeit zu geben. Oder um sich einer Herausforderung zu entziehen, statt Veränderungen in Angriff zu nehmen.

Will man den Stress in seinem Leben in den Griff bekommen, sollte man zuerst einmal feststellen, welche Situationen als belastend erlebt werden. Am besten notiert man sich mindestens eine Woche lang jede Situation, in der man sich strapaziert fühlt. Der nächste Schritt liegt darin, herauszufinden, ob diese Situationen real sind oder nur eingebildet. Dann sollte man sich überlegen, wie man in Zukunft ähnliche Situationen vermeiden kann. Steht man etwa permanent unter Zeitdruck, ist es sinnvoll, einen genauen Zeitplan zu erstellen – und sich dann daran zu halten. Handelt es sich eher um mentalen Stress, der durch destruktives Denken verursacht wird, sollte man sich diese Gedanken bewusst machen und durch positive ⇢**Affirmationen** ersetzen.

Experten halten körperliche Bewegung für das gesündeste und beste Mittel zum Stressabbau. Entspannungstechniken gibt es heute zuhauf. Wer „seine“ Methode gefunden hat, für den kann Stress schon bald ein Fremdwort sein!

⇢ **Affirmationen** sind Formeln, mit denen wir unser Unterbewusstsein programmieren können. So etwa mit einem Satz wie: „ Ich will es schaffen, und ich werde es schaffen!“ Je klarer Affirmationen ausgesprochen werden, desto wirksamer sind sie!

Stretching – *Fitness auf sanfte Art*

Dehnen und strecken, rekeln und kreisen, wippen mit dem Kopf, den Füßen, Armen und Beinen – kleine Kinder, Katzen und Hunde, also all die, die ihrem körperlichen Bewegungsdrang unbefangen nachgehen, beherrschen dieses Zusammenspiel von Muskeln, Gelenken und Nerven ganz von selbst. Die meisten Erwachsenen müssen das, was heute als „Stretching" bekannt ist, aber erst wieder erlernen.

Das richtige Atmen spielt beim Stretching eine wichtige Rolle. Je gleichmäßiger der Atem, desto effektiver sind die Übungen.

Die Technik des Stretchings, die in den 70er-Jahren von dem Amerikaner Bob Anderson entwickelt wurde, enthält neben Gymnastik auch Elemente des Yoga und der Bioenergetik. Anderson hatte erkannt, dass der chronische Bewegungsmangel unserer modernen Gesellschaft zu Verspannungen führt, die durch gezielte Übungen gelöst werden können. Und das kann jeder machen, ganz gleich ob jung oder alt, ob sportlich oder nicht – es kommt nur auf die richtige Dosierung an. Wenn man die Muskeln nicht überdehnt, kann nichts schief gehen.

Hören Sie beim Üben Musik! Sie können die Übungen damit noch viel bewusster durchführen und zu mehr innerer Ruhe kommen.

Man unterscheidet im Wesentlichen zwei Stretchingmethoden. Bei der C-H-R-S-Methode geht man so vor: Zuerst werden die Muskeln angespannt (C = contract). Die Spannung wird etwa zehn Sekunden gehalten (H = hold). Daraufhin erfolgt ein etwa zwei Sekunden dauerndes Entspannen (R = release). Nun werden die Muskeln behutsam gedehnt (S = stretch) und ungefähr zehn Sekunden gehalten. Bei der zweiten Methode, dem S-H-R-S, beginnt man mit dem Dehnen der Muskeln und hält sie ungefähr zehn Sekunden. Dann geht es weiter wie bei der C-H-R-S-Methode. Bei beiden Methoden sollte die Übung fünfmal wiederholt werden.

Dehnübungen kann man fast immer und fast überall durchführen. Die Übungen sollen Spaß machen und entspannen. Denken Sie an eine Katze! Leistungsdruck ist hier nicht gefragt, sondern vielmehr die Freude am Sein.

1

2

3

1 Stretching verringert die Muskelspannung und erhöht das Körperbewusstsein.

2 Dehnen ist keine Frage des Alters! Doch je früher man anfängt, desto besser!

3 Ihre Wirbelsäule freut sich, wenn sie gedehnt wird. Und Sie bleiben länger jung!

Sufismus – *Wandlung des Herzens*

Einst klopfte jemand an die Tür des Sufis Bajasid, der sich im Zustand des Entwerdens befand. Er fragte: „Was willst du?" Von draußen antwortete ein Mann, er suche Bajasid. „Ah! Seit Jahren habe ich nichts mehr von ihm gehört!"

Die mystische Tradition des Sufismus entstammt der Welt des Islam und hat somit eine enge Bindung an die islamische Religion. Verlangen und Streben eines Sufis ist es, durch das Beschreiten eines spirituellen Pfads eine innere Wandlung zum „Liebenden Gottes" zu vollziehen, in dieser Liebe Gott zu erfahren, mit ihm Eins zu sein. Ziel des Suchenden ist es, sein Selbst zu verlieren und ganz in Gott aufzugehen.

Abū Sa'īd (967–1049), ursprünglich Student der Theologie, hat den langwierigen Prozess so beschrieben: „Lange suchte ich Gott. Manchmal fand ich ihn, manchmal nicht. Jetzt bin ich dahin gekommen, dass ich, soviel ich mich selbst suche, mich nicht mehr finde. Ich bin ganz er geworden und alles ist er." Der Sufi Abū al-Ghazzālī versuchte, diesen sufistischen Weg der inneren Erfahrung mit den Forderungen der islamischen Religion in Einklang zu bringen.

In einem wahren Sufi brennt das Feuer der göttlichen Liebe – er hat sein Leben ganz dem himmli-

1 Die erblühte Rose ist ein Symbol für die Öffnung des Herzens, wie sie die Sufis anstreben.

2 Erleuchtung durch selbstvergessenen Tanz: Mönche eines islamischen Derwisch-Ordens, Kupferstich von 1810

schen Herrscher gewidmet. Während sich in seinem Inneren der Prozess der Transformation des Herzens vollzieht, dient er im Äußeren der Menschheit gemäß dem Postulat des Sufis Sa'adi: „Gottesdienst ist Dienst nur an den Menschen, Rosenkranz nicht, Matte nicht noch Kutte." Es besteht also keine Forderung nach Abkehr von der Welt, wie es in manch anderen mystischen Traditionen der Fall ist, sondern danach, die aus der Spannung zwischen innerer und äußerer Welt entstehende Kraft zu nutzen.

Samâ
Samâ bedeutet wörtlich „Hören". Doch es geht nicht um ein normales Hören, sondern um das des Herzens. Ein Sufi, der sich im Zustand des Samâ befindet, achtet weder auf sich noch auf seine Umwelt, so stark brennt in ihm das Feuer der göttlichen Liebe.

Die Transformation des Herzens wird durch eine strenge spirituelle Disziplin erlangt. Dazu gehören: zekr – steht für Gedenken an Gott, fekr – eingehende Kontemplation, mohasebe – die kritische Selbstprüfung, morâqebe – Meditation, verd – die Anrufung Gottes, **Samâ** – das Hören mit dem Herzen und der Tanz, der in den Derwisch-Orden im Vordergrund steht. **Rumi** ist einer der bekanntesten Sufis und gilt als Begründer des Mewlewi-Ordens – des Ordens der tanzenden Derwische.

Rumi
Maulana Dschalaluddin Rumi – sein Geburtsdatum ist unbekannt – wurde in Afghanistan geboren und starb 1273 in Konya in der Türkei, wo bis heute der Derwischorden angesiedelt ist. Ein Großteil von Rumis wunderbarer Dichtung – er hat mehr als 35 000 Verse verfasst – ist im wirbelnden Tanz entstanden.

Hat ein Sufi sein Ziel erreicht – hat er sein Ego vollständig verloren –, befindet er sich in einem Zustand, der als „Schenke des Entwerdens" bezeichnet wird. Rumi schrieb: „Liebende müssen sterben alle Zeit – ihr Tod ist nicht von einer einz'gen Art! Also stirbt der Sufi jeden Augenblick."

In diesen Augenblicken des Einsseins mit Gott, einer „unio mystica", kann es dem Sufi gelingen, sein wahres Sein zu entdecken. So sagte Ibn' Arabi (1145–1240): „Wenn du dich selbst erkennst, löst sich dein Ich-Sein auf, und du erkennst, dass du und Gott ein und dasselbe sind."

Symbole *und ihre Kraft*

1

„Symbole zeigen uns alles, was war und was sein wird – in einer unveränderbaren Form."
Marc Saunier, Symbolforscher

Pentagramm
Die Zahlensymbolik spielte von jeher eine große Rolle. Im Christentum verkörpert die Zahl Drei die göttliche Vollkommenheit, während die Vier als die Zahl der Welt gilt. Die Fünf, die durch das Pentagramm dargestellt wird, steht dem griechischen Philosophen Pythagoras zufolge für den vollkommenen Menschen. Im christlichen Umfeld galt es als Abwehrzeichen gegen dämonische Kräfte und wurde als Drudenfuß verwendet.

„Dem Symbol aber kommt dieser Doppelcharakter des Realen und Irrealen zu ... Symbolisch kann nur sein, was in einem auch noch das andere einschließt."
C. G. Jung

In der Antike galt sie als Sinnbild für Schönheit und Liebe. In der mittelalterlichen Mystik wurde die Rose dann zum Attribut der Himmelskönigin Maria. Sie wurde als „Rose ohne Dornen" bezeichnet – eine Anspielung auf ihre Jungfräulichkeit. Auch bei den Rosenkreuzerorden der Vergangenheit und Gegenwart ist die Rose ein zentrales Symbol. Für die Rosenkreuzer war und ist die ans Kreuz geheftete Rose – vergleichbar der Lotosblüte im Buddhismus – gleichbedeutend mit der Geburt des geistigen Menschen, während das Kreuz die Notwendigkeit des Sterbens des alten Egos repräsentiert. Für einen Christen dagegen ist das Kreuz das Symbol für die Leiden Jesu. Die Interpretation eines Symbols hängt also vielfach vom sozialen, kulturellen und religiösen Hintergrund ab.

Innerhalb der modernen Psychologie hat sich insbesondere Carl Gustav Jung intensiv mit Symbolen auseinander gesetzt. Seine Erkenntnis: Symbole sind die Sprache des Unbewussten und erhalten ihre Kraft durch Assoziation. Jung stellte bei seiner Arbeit fest, dass Patienten, die sich intensiv mit ihrem Innenleben beschäftigten und an spirituellen Zusammenhängen interessiert waren, mitunter spontan von einem Mandala träumten. Jung forderte seine Patienten dazu auf, sich mit diesen Mandalas – kreisförmigen ornamentalen Symbolen – zu beschäftigen. Dadurch erschloss sich manchem der Patienten eine ganz neue geistige Wirklichkeit.

Auch die Zahlensymbolik spielte von jeher eine große Rolle. So verkörpert das **Pentagramm,** das auf der Zahl Fünf basiert, dem griechischen Philoso-

Einhorn
Das Einhorn ist ein Fabeltier, das einem kleinen weißen Pferd ähnelt und aus dessen Stirn ein einzelnes, gewundenes Horn ragt. Es findet sich auf alten Wandteppichen und Gemälden, ziert viele Brunnen und ist Gegenstand zahlreicher Sagen und Legenden. Eine solche besagt, dass sich das Einhorn gewöhnlichen Menschen nicht zeigt, sondern nur Auserwählten.

phen Pythagoras zufolge den vollkommenen Menschen. Im christlichen Umfeld galt es seit je als Abwehrzeichen gegen dämonische Kräfte.

Prinzipiell verweist jedes Symbol auf etwas anderes und muss deshalb entschlüsselt werden. Mit dem Verstand allein ist das jedoch nicht möglich. Um ein Symbol erfassen zu können, muss man es auf sich wirken lassen. Dabei wird man feststellen, dass ein Symbol äußerlich das abbildet, was als verborgenes Wissen im Inneren bereits vorhanden ist.

Ein Beispiel für die vielseitige Bedeutung eines Symbols ist das ⇢ **Einhorn.** Dem Horn des Fabeltiers wurde magische Kraft zugesprochen. So soll ein aus dem Horn zubereitetes Pulver Gift neutralisiert haben. In frühchristlicher Zeit hatte das Einhorn eine spirituelle Bedeutung und verwies auf Christus. Im Mittelalter galt es als Symbol für die Keuschheit Marias, da es angeblich seine Wildheit verlor, wenn es den Kopf in den Schoß einer Jungfrau legte.

2

3

1 Das Pentagramm wird durch die Diagonalen eines regelmäßigen Fünfecks gebildet.

2 Keltisches Hochkreuz in Irland

3 „Die Dame mit dem Einhorn“, Tapisserie, Brüssel, 15. Jh.

Tai Chi Chuan – *Energie für den Allt*

Der taoistische Priester und Kungfu-Meister Chan San Feng, der im 13. Jahrhundert gelebt haben soll, wurde einst Zeuge eines Kampfes zwischen einer Schlange und einem Kranich. Der Meister beobachtete, wie die Schlange mit ihren geschmeidigen Bewegungen dem ruckartig zuckenden Kranich spielend auswich und dadurch den Kampf auf Leben und Tod gewann. Dieses Schlüsselerlebnis motivierte Chan San Feng zur Entwicklung eines sanften Kampfsports – des Tai Chi Chuan. Mit dieser Technik soll er sämtliche Kungfu-Meister seiner Zeit besiegt haben. Erste Hinweise auf Vorläufer des Tai Chi findet man bereits im ⇢ **I Ging,** dem Buch der Wandlungen, das in der chinesischen Chou-Dynastie (etwa 1050–256 v. Chr.) entstand. Der tatsächliche Ursprung des Tai Chi ist also einige tausend Jahre älter als es die Legenden erzählen.

„Wer andre kennt, ist klug. Wer sich selber kennt, ist weise. Wer andere besiegt, hat Kraft. Wer sich selber besiegt, ist stark.“ *Laotse*

⇢ **I Ging**
Bei dem „Buch der Wandlungen“ handelt es sich um ein chinesisches Orakelsystem. Zur Befragung werden Stäbchen oder Münzen verwendet.

„Tai Chi“ bedeutet wörtlich übersetzt „Firstbalken“ und steht für das höchste kosmische Gesetz. Durch Tai Chi kommt das Tao – ein Zustand, der dem chinesischen Weisen Laotse zufolge weder durch Worte noch durch Schweigen vermittelt werden kann – im täglichen Leben zur Anwendung. Durch das Praktizieren von Tai Chi arbeitet der Mensch ganz konkret an seiner Vervollkommnung. „Chuan“ bedeutet „Faust“ beziehungsweise „Boxen“. Beobachtet man einen Tai-Chi-Übenden, sieht man ein spielerisches Schattenboxen, das sich im Zeitlupentempo auf einer Fläche von nur einem Quadratmeter abspielt. Das Tai Chi, das heute gelehrt wird, entstand im 18. Jahrhundert zur Zeit der Qing-Dynastie. Es basiert auf der Anwendung von subtiler inne-

Tai Chi Chuan soll nicht aus Büchern, sondern mit der Hilfe eines qualifizierten Lehrers gelernt werden.

1 In China üben die Menschen Tai Chi gerne gemeinsam auf der Straße, wie hier in Schanghai.

2 Beim Üben sollte man darauf achten, dass der Atem und die Bewegungen miteinander im Einklang stehen.

rer Energie und der Beherrschung des Atems. Er ist das Medium, über das Geist und Körper in Einklang gebracht werden.

Wer Tai Chi praktiziert, meditiert gleichzeitig. Der Übende lauscht in sein Innerstes und öffnet sich dabei den Kräften des Kosmos, die er dann durch seine Bewegungen ausdrückt. Dieses Kräftespiel wird in den chinesischen Schriftzeichen deutlich. „Tai" symbolisiert einen Menschen, der sich weit öffnet. „Chi" steht für das aufmerksame Lauschen nach innen. Je stärker der Übende im Einklang mit den Kräften der Natur ist – der Sonne, dem Wind, dem Wasser und der Erde – desto mehr ruht er in seiner Mitte, dem so genannten „Dantien". Das ist eine Art Energiespeicher im Bauch, aus dem das Qi fließt – die Energie, die jedem Menschen von der Natur gegeben wurde. Das Qi spielt eine wichtige Rolle. Durch die sanften Bewegungsabläufe wird die Energie im Körper zum Fließen gebracht. Wenn sie nicht blockiert ist, so lehren es die Anhänger des Tai Chi, ist der Mensch im Vollbesitz seiner Kräfte und kann das Leben heiter und gelassen meistern.

Damit das Qi den Fluss des Geistes lenken kann, werden Tai-Chi-Bewegungen stets im Zeitlupentempo durchgeführt.

Tantra – *Weg der absoluten Liebe*

Im Westen gilt es vor allem als Wiederentdeckung der Liebeslehre einer uralten fernöstlichen Kultur. Wer bei uns Tantra praktiziert, möchte in erster Linie seine Sexualität – die in einer christlich geprägten Welt lange unterdrückt wurde – bewusst, kreativ und auf der Grundlage einer geistigen Tradition ausleben. Doch Tantra ist weit mehr als nur Erotik: Der Begriff kommt aus dem Sanskrit und bedeutet „innerstes Wesen, Kern; Gewebe aus männlichen und weiblichen Elementen". Diese Worte machen deutlich, dass im Tantrismus unterschiedliche Energien zu einem Ganzen verbunden werden sollen.

Ob Sie Tantra praktizieren oder nicht – genießen Sie sinnliche „Liebesdüfte". Einige ätherische Öle wirken besonders stark als Aphrodisiakum, wie etwa Ylang-Ylang, Sandelholz, Majoran, Muskatellersalbei, Kardamom und Patchouli.

Shiva und ⇢ **Shakti,** das untrennbare göttliche Paar, sind die Schlüsselfiguren des Tantrismus, der vor 7000 Jahren im Indus-Tal südlich von Kaschmir entstand. Diese beiden Gottheiten werden auch in den Symbolen von ⇢ **Lingam** und **Yoni** verehrt. Sie verkörpern die Kräfte, die die Öffnung des Herzens und damit die Erfahrung der absoluten Liebe bewirken. Das klassische Tantra wurde nicht nur im Hinduismus, sondern auch im Buddhismus und Taoismus praktiziert. Einem fortgeschrittenen Tantriker soll es möglich sein, die sexuelle Energie in eine lodernde Flamme zu verwandeln, in der das Ego schließlich aufgelöst wird. Das klassische Tantra ist also ein Einweihungsweg.

⇢ **Shakti**
Im Hinduismus verkörpert Shakti – das weibliche Prinzip Shivas – die Urenergie, die alles Leben ermöglicht und die das Universum erhält.

⇢ **Lingam** und **Yoni**
Lingam symbolisiert das männliche Geschlechtsorgan und ist das Symbol für Shiva. Yoni dagegen ist das weibliche Geschlechtsorgan, verkörpert Shakti und gilt als das Tor zur Welt.

Nur wer das wahre Wesen des Tantra nicht kennt, bringt es primär mit Sexualität und Erotik in Verbindung. Doch mit herkömmlicher Sexualität hat echtes Tantra wenig gemein. In der tantrischen Praxis – die heute unter anderem auch noch in Klöstern im Himalaja lebendig ist – identifiziert man sich

Die tantrischen Riten waren lange Zeit nur Eingeweihten zugänglich. Die Adepten trafen sich meist nachts in Tempeln, Häusern oder auf Friedhöfen. Das Kastenwesen spielte im buddhistischen Tantra keine Rolle, da in der kosmischen Vereinigung mit Shakti alle weltlichen Unterschiede belanglos sind. Zu Mitgliedern tantrischer Zirkel gehörten deshalb sowohl Brahmanen als auch Unberührbare.

nicht mit dem stofflichen Körper, sondern mit dem feinstofflichen Lichtkörper, der mithilfe spezieller Übungen gebildet werden kann. Dazu bedarf es der exakten Anleitung eines Tantra-Meisters oder einer -Meisterin. Sie lehren ihre Schüler unter anderem, wie sie sich auf geistiger Ebene vereinigen können, und beschleunigen ihren Transformationsprozess. Sowohl die geistige als auch die körperliche Vereinigung gehören zum Tantrismus. Doch der körperliche Akt gilt hier als heilig und basiert nicht auf dem Lustprinzip. Der Mann verehrt in der Frau die Göttin Shakti, die Frau im Mann den Gott Shiva. Unter der Anleitung eines Meisters lernt ein Tantra-Schüler, seine sexuelle Kraft zu wecken, mit ihr umzugehen und sie zu transformieren. Der tantristische Weg erfordert Disziplin sowie bedingungslose Hingabe, und nur wenige gehen ihn bis zum Ende. Wem dies jedoch gelungen ist, der, so will es die Lehre, schwimmt in einem Ozean von Liebe.

1 In verschiedenen tibetischen Klöstern ist der Tantrismus noch lebendig.

2 Dieses tantrische Liebespaar praktiziert die ekstatische Vereinigung. Tantra-Kunst aus dem 19. Jh., Privatsammlung

Tanzend *das Leben feiern*

„Ich tanze, weil kein Teil meines Lebens ohne die Erfahrung der Religio bleiben soll."
Sokrates

Bei den Naturvölkern war es von jeher ein Bestandteil des alltäglichen Lebens: Tanzen galt als nonverbales Kommunikationsmittel, dessen Sprache jeder verstand. Denn beim Tanzen kann man sich spüren, sich frei im Raum bewegen, der Materie entfliehen, Ekstase erleben, Nähe zulassen sowie Freude und Leid ausdrücken.

In der Antike waren selbst die Götter beim Tanz der Menschen zugegen. So stellte man sich vor, dass der tanzende Mensch zu seiner Rechten von Apollo – dem Gott des Lichts und der Erkenntnis – umgeben war, während sich zu seiner Linken Dionysos – der Gott der Vitalität und der Ekstase – befand. Im Hinduismus ist Krishna – der Gott des Tanzes – ein Symbol dafür, dass das Leben ein kosmischer Tanz ist. Auch Christus und seine Jünger sollen Gott in Form eines rituellen Tanzes gehuldigt haben, wie dies im ···> **Hymnus Christi** offenbar wird, der aus den Johannesakten der apokryphen Evangelien stammt.

Tanzen Sie, wann immer Ihnen danach zumute ist! Das vertreibt schlechte Laune, entspannt und hält fit. Legen Sie Ihre Lieblingsmusik auf und geben Sie sich Ihrem eigenen Rhythmus hin – lassen Sie „es" von innen heraus tanzen. Danach sind Sie mit sich und Ihrer Umwelt wieder im Einklang.

Im europäischen Mittelalter – in Zeiten, als die Pest grassierte – glaubte man, dass der Tod die Menschen in ihrer Sterbestunde zum Tanz auffordere. Auf den Friedhofsmauern von Dominikaner- und Franziskanerklöstern gab es im 15. und 16. Jahrhundert makabre Wandgemälde, auf denen Menschen jeden Alters und Standes unvorbereitet vom Tod zum Tanz ins Jenseits abgeholt werden.

···> **Hymnus Christi**
„Die Acht lobsingt mit uns.
Die Zwölf tanzt oben.
Dem All zugehört der Tanzende.
Wer nicht tanzt, begreift nicht,
was sich begibt."
Apokryphe Evangelien, Johannesakten

Heutzutage hat das Tanzen seinen rituellen und zeremoniellen Charakter weitgehend verloren – zumindest in der westlichen Kultur. Man tanzt, weil es Spaß macht, weil man sich austoben und fit bleiben oder Menschen kennen lernen möchte. Eine Aus-

1 Modern Dance – eine freie künstlerische Ausdrucksform, die dem Zeitgeist des 20. Jh.s entspricht.

2 „Tanz zur Musik der Zeit“ von Nicolas Poussin, 1638–40

nahme stellt dabei die ⇢ **Tanztherapie** dar, die einen heilenden Charakter hat.

Wie auf vielen Gebieten leben wir auch beim Tanzen in einer Welt der Superlative. Während man in früheren Zeiten auf die Tanzformen der eigenen Kultur angewiesen war, kann man heutzutage auf Tänze aus aller Welt zurückgreifen – auf rassigen Salsa, leidenschaftlichen Flamenco, romantische Folklore oder Reigentänze. Wer Sakrales mag, fühlt sich wahrscheinlich eher zum indischen Tempeltanz oder zu traditionellen Labyrinthtänzen hingezogen, die seit einiger Zeit wieder in alten Kathedralen stattfinden. Wer Power hat, kann sich bei Stepptanz oder Hip-Hop austoben. Auch den klassischen Wiener Walzer kann man nach wie vor tanzen, ohne als altmodisch abgestempelt zu werden. Denn schließlich ist das Leben ein Tanz, und wenn jeder Tänzer im großen kosmischen Reigen freudig seinen Platz einnimmt, befindet er sich im Einklang mit dem Universum.

⇢ **Tanztherapie**
Die Tanztherapie entstand in den 40er-Jahren in den USA, in Deutschland wird sie seit etwa 20 Jahren praktiziert. Dabei versucht man, durch das Tanzen Zugang zu seinem Körper und seinen Gefühlen zu finden. Insbesondere für Menschen, die mit dem Artikulieren ihrer Gefühle Probleme haben, kann Tanzen ein ideales Mittel sein, sich auszudrücken und körperliche und seelische Verspannungen aufzulösen.

Taoismus – *zeitlose Weisheit*

→ **Laotse**
„Sein Streben war, sich selbst zu verbergen und ohne Namen zu bleiben", wusste der chinesische Geschichtsschreiber Ssu-ma Ch'ien (163–85 v. Chr.) über den „alten Meister", wie Laotse auch genannt wird. Über sein Leben ist wenig bekannt, doch es gilt als sicher, dass er eine Zeit am kaiserlichen Hof in Luoyang (der heutigen Provinz Honan) das Amt eines Archivars bekleidete. Laotse war ein Zeitgenosse von Kung Fu Tse (Kungtse), der als Konfuzius bekannt ist.
516 v. Chr. kam es zu der berühmten Begegnung zwischen Laotse und Konfuzius, die auf Letzeren einen tiefen Eindruck machte.

„Der wahre Weise kommt an ohne loszugehen; er sieht ohne um sich zu blicken; er vollbringt ohne zu handeln." Wie soll man diese Worte verstehen, die der chinesische Weise → **Laotse** im → **„Tao-te-King"**, einem der ältesten und faszinierendsten Bücher, niederschrieb?

Für westliche Ohren mag dieser Ausspruch paradox klingen. Doch wenn man sich mit dem Taoismus näher beschäftigt, enthüllt sich der in ihm verborgene Sinn. Ein Grundprinzip des Tao ist die „unangestrengte Aktivität". Ein Taoist erzwingt nichts, kennt keine Ungeduld, hat keine Eile, gerät nicht in Zorn. Er versucht nicht, das Leben nach seinem eigenen Willen zu gestalten, sondern lässt die Dinge geschehen. Auf diese Weise kommt er an ohne loszugehen, sieht ohne um sich zu blicken und vollbringt ohne zu handeln. Das bedeutet allerdings nicht, dass ein Taoist gleichgültig wäre. Vielmehr unterwirft er sich demütig dem Fluss des unendlichen Tao. Ihre Gelassenheit erlangen Taoisten durch die Gewissheit, dass alle Dinge im Universum einen ihnen gemäßen Rhythmus haben und jede Aktivität die ihr angemessene kosmische Zeit.

„Wer sein Herz an Dinge hängt,
Hält fest am äußeren Schein.
Und wer am Haben festhängt,
Verliert leicht sein Sein."
Laotse

Tao lässt sich nicht definieren. „Könnte Tao gesagt werden, dann wäre es nicht das ewige Tao", lehrte Laotse. Für ihn war es Naturgesetz und Lebensphilosophie zugleich und seine Prinzipien auf allen Ebenen vertreten. Dies ist eine Erkenntnis, die auch in dem hermetischen Axiom „Wie oben, so unten" von Hermes Trismegistos (der dreimal Große) zum Ausdruck kommt. Es besagt, dass es eine Entsprechung zwischen Makrokosmos und Mikrokos-

„Tao-te-King"
Zwar gilt Laotse als der Verfasser des „Tao-te-King", doch dies ist nicht gesichert. Manche Forscher gehen davon aus, dass es das Werk mehrerer Autoren ist. In der westlichen Welt wurde dieses Weisheitsbuch im Jahre 1823 durch die nicht ganz vollständige Übersetzung des Franzosen Abel Rémusat bekannt. Ihr folgten zahlreiche weitere Übersetzungen sowie eine Vielzahl von Kommentaren und Interpretationen.

mos gibt – die sichtbare und unsichtbare Welt sind also aufs Engste miteinander verbunden.

Stimmt man sein Leben auf die Gesetzmäßigkeiten des Kosmos ab, fließt es dahin wie ein ruhiger Fluss oder wie ein dynamischer Strom – je nachdem, welche kosmischen Energien dominieren. Die Kunst des Taoisten ist es, diesem Fließen nichts entgegenzusetzen, sondern sich von den Strömen des Universums vertrauensvoll tragen zu lassen.

Dass die taoistische Lebensweise nicht weltfremd ist – diesen Vorwurf müssen sich Taoisten immer wieder gefallen lassen –, zeigen die Erkenntnisse der modernen Physik, die vielfach mit den uralten Weisheiten des Tao übereinstimmen. Begriffe wie „Tao-Management" und „Tao-Finanzen" zeigen, dass diese chinesische Lebensphilosophie auch in der Welt der Wirtschaft Bedeutung hat. Ob es wohl je dahin kommen wird, dass das Bewusstsein der „unangestrengten Aktivität" die Arbeitswelt erobert und Hektik und Stress eines Tages der Vergangenheit angehören?

1 Bevor Laotse China verließ, soll er auf Bitten des Grenzbeamten Yin Hi das „Tao-te-King" niedergeschrieben haben.

2 Im taoistischen Kloster Beishan in der Provinz Qinghai, China

Teezeremonie – *Chanoyu*

„Der große Pfad hat keine Tore, Tausende von Wegen führen zu ihm. Wenn einer durch dieses torlose Tor geht, so wandert er frei zwischen Himmel und Erde.“
Ekai

Nanin, ein japanischer Meister der Meiji-Zeit (1868–1912), empfing einen Professor, der etwas über Zen erfahren wollte. Nan-in servierte Tee. Als die Tasse seines Besuchers bereits voll war, goss er immer weiter ein. Der Professor sah, wie die Tasse überlief, und stoppte den Meister: „Sie ist übervoll. Mehr geht nicht hinein!“ „So wie die Tasse“, erwiderte Nanin, „sind auch Sie voll mit Ihren eigenen Meinungen und Spekulationen. Wie kann ich Ihnen Zen zeigen, bevor Sie Ihre Tasse geleert haben?“

Diese kleine Anekdote zeigt, welch wichtige symbolische Rolle der Tee im Zen-Buddhismus spielt. Die Zeremonie stellt sogar einen Weg dar, der zur Erleuchtung führt, wenn man sich der Schulung hingibt. Das Kernelement dieser Kunst ist die Zusammenkunft, zu der ein Teemeister einlädt. Im Allgemeinen sind bei einer solchen Zeremonie fünf Gäste geladen, mitunter auch nur drei. Die Gesellschaft trifft sich in der ···› **Teehütte,** wo der Meister in einer kunstvollen Zeremonie den Tee zubereitet, den seine Besucher nach genau festgelegten Verhaltens-

1

2

1 Die klassische Teezeremonie verlangt besondere Sorgfalt.

2 Der Japanreisende Waldemar Abegg bei einer Teezeremonie im Jahr 1906 in Beppu auf der Insel Kyushu. Links von ihm sein Reiseführer Nakano Suketoshi

regeln zu sich nehmen. Dieser Kodex beginnt bereits bei der Einladung und endet einen Tag nach der Zusammenkunft, indem sich die Gäste bedanken.

Die Teezeremonie spiegelt die Klarheit und Präzision des Zen-Wegs wider. Jede Handlung, die zum Zubereiten des Tees erforderlich ist, muss lange geübt werden, und nur ein Teemeister beherrscht den Ablauf dieser Zeremonie vollkommen. Das komplexe Ritual soll die innere Vervollkommnung durch äußere Handlungen demonstrieren. Es weist auch darauf hin, dass die Erleuchtung durch das Handeln in der Welt erlangt wird. Alles, was ein Zen-Schüler tut, sollte deshalb einer Meditation oder einer Übung zur Achtsamkeit gleichen. Die Teezeremonie ist – wie auch das Bogenschießen – ein Ausdruck dieser inneren Haltung. Ferner werden durch die Zeremonie Harmonie und Stille kultiviert. Der Weg der Gäste durch den Teegarten (roji) zur Hütte, die sich in den Tiefen der Anlage befindet, ist ein Symbol dafür. Während die Besucher an fließenden Gewässern, Felsen und Pflanzen vorbeischreiten, kommen sie zur Ruhe, sodass sie gesammelt in die Teehütte eintreten. Dort erwartet sie der Meister, der mit ausgewählten Utensilien das Getränk zubereitet. Bei der Teezeremonie ist jedes Detail wichtig, und manche Meister fertigen sogar die Löffel selbst an, die sie für die Zeremonie benutzen.

Den wahren Geist einer Teezeremonie erfährt man nur, wenn man daran teilnimmt. Im modernen Japan hat diese Tradition heute wieder starken Zulauf. Für die vom Beruf gestressten Japaner ist es eine Möglichkeit der Entspannung und Sammlung.

→ **Teehütte**
Die Teehütte (goshôan) liegt traditionell in einem Garten. Sie ist mit Strohmatten (tatami) ausgelegt, die ein Feuerloch frei lassen. Das Dach ist mit Reisstroh gedeckt, die Wände aus Papiershojis werden von Holzstützen gehalten. Auf einer Seite des Raums befindet sich eine Nische (tokonoma), in der ein Gemälde oder eine Schriftzeichenrolle, ein Felsstück und ein kleiner Blumenstrauß Platz haben.

„Beim Teetrinken den Zen-Weg zum Mittelpunkt machen“
Sen Sôtan

Thalasso – *Labsal aus dem Meer*

Möglich, dass Ihnen bei Ihrer Thalassokur in einem Nobelort Modefürst Karl Lagerfeld oder Hollywood-Star Sharon Stone über den Weg läuft. Vielleicht treffen Sie bei der Morgengymnastik auch auf Prinzessin Caroline von Monaco. Sie alle unterziehen sich im mondänen Badeort La Baule am französischen Atlantik regelmäßig einer Kur.

Das Wort „Thalasso“ kommt aus dem Griechischen und bedeutet ···> **Meerwasser.** Bei der Kur dreht sich denn auch alles ums Meer: Meerwasser, ···> **Algen,** Mineralien und Meeresschlamm sind die Bestandteile dieser Verjüngungs-, Antistress- und Allround-Heilkur, die das Gewebe entschlackt und Körper und Psyche revitalisiert. Vor Kurbeginn wird durch eine ärztliche Untersuchung das passende persönliche Programm ermittelt.

Eine Woche Thalassotherapie sieht etwa so aus: Sie stehen frühmorgens auf und treiben Sport, um Ihren Organismus in Schwung zu bringen. Ihren Durst stillen Sie mit Kräutertees, die Sie literweise trinken können. Zu den Mahlzeiten ist auch ein Gläschen Cidre erlaubt, um die Darmtätigkeit anzuregen. Algenkapseln und algenhaltige Gerichte führen Ihnen von innen her wertvolle Mineralien und Spurenelemente zu. Algen-Entschlackungsbäder, Algen-Schlammpackungen und Körperpeelings mit Algen unterstützen die Behandlung von außen. Der Jodgehalt der Algen aktiviert die Schilddrüsenfunktion und reguliert somit den Stoffwechsel. Mithilfe von Meersalzsprudelbädern und Ganzkörpermassagen wird Ihr Körper gründlich „durchgeknetet“. Mit Strahlduschen werden

···> **Meerwasser** ist in der Tat ein ganz „besonderer Saft“. Biologen haben herausgefunden, dass es eine ähnliche Zusammensetzung hat wie das menschliche Blutplasma und deshalb auf natürliche Weise mit dem Organismus harmoniert. Die im Meerwasser reichlich enthaltenen Spurenelemente wie Eisen, Kobalt, Kalzium und Magnesium dringen durch die Poren in den Körper ein und revitalisieren ihn.

Probieren Sie Algenkosmetik aus. Das strafft die Haut und sorgt für prickelndes Meeresambiente in Ihrem Badezimmer!

1 Die „Grundsäule“ der Thalasso-Therapie ist das Salzwasser, dessen Mineralstoffe eine positive Wirkung ausüben.

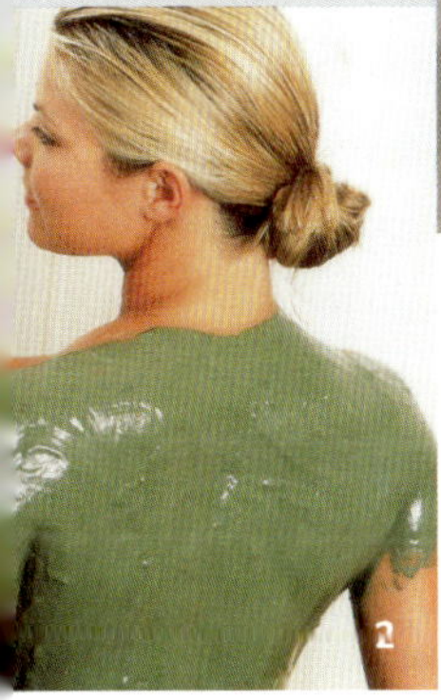

2 Eine Packung mit frischen Meeresalgen entschlackt die Haut und sorgt für Tiefenentspannung.

Algen
In Japan gehören sie zur täglichen Ernährung. Bei uns sind Algen noch ein Geheimtipp. Die Spirulina-Alge, die besonders viel Eiweiß, Beta-Carotin und Vitamin E enthält, ist bei Gesundheitsfans begehrt. Algen regen den Stoffwechsel an, festigen das Bindegewebe, versorgen die Haut mit Feuchtigkeit und erhöhen die körpereigenen Abwehrkräfte.

zudem spezielle Meridiane – Energiezentren im Körper – angeregt und damit die Energie zum Fließen gebracht. Das bringt nicht nur den Kreislauf in Schwung, sondern stimuliert sämtliche Organe. Dazu kommen noch die mehrmalige Anwendung einer Sauerstofftherapie, bei der der Körper mit großen Mengen von Sauerstoff angereichert wird, sowie der Besuch von Sauna und Dampfbad.

Wenn Sie sich erst einmal in einer speziellen Thalassobadewanne im Meerwasser gerekelt und sich von den Sprudeldüsen haben müde massieren lassen, werden Sie die entspannende Wirkung der Thalassoanwendungen gewiss zu schätzen wissen. Und nach einer Woche intensiver Behandlung fühlen Sie sich wie neu geboren. Zwar ist Frankreich das Stammland der Thalassotherapie, doch inzwischen bieten auch viele Schönheitsfarmen und Wellnesszentren in Deutschland Thalassokuren an. An der Ostsee kann man sich in Rostock-Warnemünde unter ärztlicher Aufsicht einer Thalasso-Therapie unterziehen.

Träume – *Spiegel der Seele*

„Ich glaube an die zukünftige Verschmelzung beider Zustände, nämlich Traum und Realität, zu einer absoluten, höheren Realität oder Surrealität."
André Breton

Die fortgeschrittenste Art des Träumens ist das so genannte „luzide" Träumen. Der Träumende weiß, dass er träumt, und kann seine Träume sogar beeinflussen.

Tempelschlaf
Während des Tempelschlafs beobachteten die Priester die Augenbewegungen der schlafenden Person. Hörten die Bewegungen auf, wurde der Schläfer sofort aufgeweckt und erzählte seinen Traum. Dieser wurde als ein von Asklepios geschicktes Heilmittel betrachtet.

Die Nähmaschine war das erste Massenprodukt, das sowohl im Haushalt als auch in der Industrie eingesetzt wurde. Ihre Erfindung verdankt der amerikanische Maschinenbau-Ingenieur Elias Howe (1819–67) einem Traum: In Afrika sah er sich an einen Marterpfahl gebunden. Eingeborene mit Lanzen, die an der Spitze ein Loch hatten, umtanzten ihn. Blitzartig traf Howe die Erkenntnis, dass sich die Öffnung für den Faden an der Spitze der Nähnadel befinden sollte und nicht an deren Ende. Damit war die Nähmaschine mit Doppelsteppstich erfunden! Eines von vielen Beispielen – immerhin sollen rund 80 Prozent aller genialen Erfindungen im Traum gemacht worden sein. Sie alle können der Beweis sein, dass Träume ein unglaublich kreatives Potenzial enthalten, das wir schöpferisch für unseren Alltag nutzen können.

Zwar gibt es erst seit Sigmund Freud eine wissenschaftliche Traumforschung, doch beschäftigt hat man sich mit Träumen bereits vor Jahrtausenden. Als ältester Text gilt das „Hieratische Traumbuch", das 4000 Jahre alt ist und aus dem alten Ägypten stammt.

Auch im Alten Testament wird von prophetischen Träumen berichtet. So legt der Prophet Daniel König Nebukadnezar einen unheilvollen Traum aus und schildert ihm die Zukunft. Die Heilwirkung des ··· **Tempelschlafs,** durch den der griechische Gott Asklepios Kranke heilte, beruhte auf der Arbeit mit Traumbildern. Offenbar war den Priestern des Asklepios bereits bekannt, was die heutige Wissenschaft mit ··· **REM-Phase** bezeichnet – die Schlafphase, in der man intensiv träumt.

Seit sich die Psychoanalytiker Sigmund Freud, Carl Gustav Jung und Wilhelm Reich den Träumen gewidmet haben – im Herbst 1899 erschien Freuds Werk „Die Traumdeutung" –, wurden zahlreiche Geheimnisse dieser Art gelüftet. Möglicherweise bewegen wir uns beim Träumen in Dimensionen, die genauso real wie die irdischen, jedoch unserem Bewusstsein nicht zugänglich sind. Moderne Quantenphysiker wie Hugh Everett und John Wheeler bestätigen diese Theorie: Sie sind davon überzeugt, dass es Multiuniversen gibt, in denen unterschiedliche Zeitbedingungen bestehen, und dass zukünftige Generationen „Zeitreisen" unternehmen werden.

→ **REM-Phase**
Während der so genannten REM-Phasen (rapid eye movement) träumen wir. Unter den geschlossenen Augenlidern kann man die raschen Bewegungen der Augäpfel beobachten.

In der modernen Traumforschung gelten Träume als die verschlüsselte Sprache unserer Seele – sie sind sozusagen unsere „Verbündeten", mit deren Hilfe wir Zugang zu unserem schöpferischen Potenzial finden, indem wir sie aufschreiben, malen oder auch darüber meditieren. Dadurch werden wir die Botschaften der Seele besser verstehen.

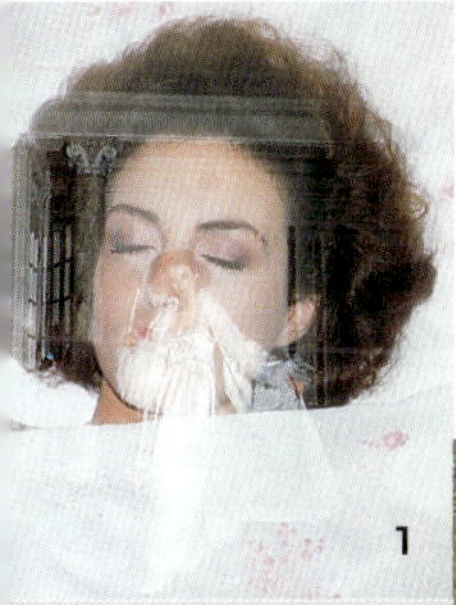

1 In unseren Träumen vermischen sich Vergangenheit, Gegenwart und Zukunft.

2 „Joseph deutet die Träume des Pharao", Fresko von Raffael, um 1515/18

Visualisieren – *„Stell dir vor ...“*

Die Vorstellung, allein durch mentale Kraft schwere Krankheiten zu heilen, erscheint nahezu fantastisch. Tatsächlich sind aber Fälle bekannt, wo selbst Tumorzellen allein durch die Gedanken beeinflusst werden konnten und als unheilbar geltende Krebskranke in der Lage waren, sich durch Visualisation selbst zu heilen. Ehemalige Krebspatienten haben berichtet, dass sie, als sie an der Schwelle zum Tod nichts mehr zu verlieren hatten, alle ihre Vorurteile gegen unkonventionelle Heilmethoden über Bord warfen, mit Lichtvisualisationen experimentierten – und damit angeblich ihr Leben retteten. Inzwischen gibt es immer mehr Beispiele dafür, dass der Geist den Körper stark beeinflussen kann.

Das Visualisieren ist eine wunderbare Möglichkeit, körperlichen und seelischen Stress auf kreative Weise abzubauen. Sich etwas bildlich vorzustellen entwickelt eine ungeheure Kraft, und Bilder, die wir selbst erschaffen, spielen für unser Innenleben eine bedeutende Rolle. Stellen Sie sich folgende Szene vor: An einem nassgrauen Novembertag sitzen Sie deprimiert im Büro oder zu Hause, und die Energie ist auf dem Nullpunkt. Plötzlich fällt Ihnen Ihr letzter Urlaub ein – das blaue Meer, die strahlende Sonne, braun gebrannte Menschen, Gelächter und Ausgelassenheit. Ihr Energiepegel steigt dabei ganz automatisch. Wenn Sie nun ähnliche Bilder ganz bewusst erzeugen, praktizieren Sie die – für jedermann erlernbare – Kunst des Visualisierens.

Wenn es Ihnen zunächst noch an Vorstellungskraft fehlt, kann Ihnen eine geführte Visualisation eine wertvolle Hilfe sein. Dazu brauchen Sie entwe-

Eine Visualisation könnte folgendermaßen beginnen: „Stell dir vor, du möchtest einen Berg besteigen. Du siehst ihn vor dir. Betrachte ihn von seiner Basis bis zum Gipfel. Stell dir nun vor, wie du den Aufstieg beginnst. Fühle den Rucksack mit dem Proviant auf deinem Rücken, spüre den Boden unter deinen Füßen, und freue dich schon jetzt darauf, wie es sein wird, wenn du am Gipfel angekommen bist ...“. Angenommen, mehrere Personen lauschten diesen Worten, so würde jede einen ganz anderen Berg visualisieren und damit ihre ureigene Wirklichkeit schaffen!

der eine Visualisationskassette oder einen Menschen, der Ihnen einen Text vorliest oder selbst eine Geschichte erfindet. Legen Sie sich dabei auf einer Unterlage flach auf den Boden, schließen Sie die Augen, atmen Sie tief und gleichmäßig. Überlassen Sie sich völlig den inneren Bildern, die in Ihnen aufsteigen. Ob Sie dabei im Geiste entspannt auf einer nach Heu duftenden Wiese liegen oder frei wie ein Vogel durch die Lüfte fliegen, ob Sie am Strand sitzen und auf das weite Meer schauen oder auf einem Berggipfel stehen, spielt keine Rolle. Wichtig ist, dass Sie sich den Bildern, die in Ihnen entstehen, hingeben und den kreativen Fluss nicht unterbrechen.

„Was immer du tun kannst oder erträumst zu können, beginne es jetzt! Kühnheit besitzt Genie, Macht und magische Kraft. Beginne es jetzt!“
Johann Wolfgang von Goethe

Beenden Sie Ihre Visualisation stets mit einem kleinen Ritual. Legen Sie zum Beispiel Ihre Hände auf den Bauch und atmen Sie mehrmals tief durch. Sie werden sich nach einer solchen Imaginationsreise herrlich entspannt fühlen und vielleicht schon bald mit Begeisterung zum Regisseur Ihrer eigenen Filme werden!

Ein geeigneter Ort unterstützt das Visualisieren: Beim Entspannen in einer Hängematte kann man die Fantasie schweifen lassen. Durch das sanfte Schaukeln wird der nüchterne Verstand „eingelullt“. Dadurch können Bilder aus dem Unterbewussten freigegeben werden, zu denen uns der Zugang normalerweise verwehrt ist.

Watsu – *einfach loslassen*

Auf Händen durchs Leben getragen werden? Dieser Wunsch kann mit einer Watsu-Behandlung – zumindest kurzfristig – leicht in Erfüllung gehen. Watsu ist die Abkürzung für Wasser-Shiatsu, eine Körperarbeit, die 1980 von dem amerikanischen Chiropraktiker Harold Dull entwickelt wurde. Er praktizierte im warmen Wasser der nordkalifornischen Harbin Hot Springs bei Klienten Dehnungsübungen, die eigentlich aus dem ⇢**Zen-Shiatsu** stammten. Dabei entdeckte er, dass diese Übungen im Wasser wesentlich effektiver waren, und entwickelte eine neue Methode, die er Watsu nannte.

⇢ **Zen-Shiatsu**
Im Gegensatz zum Watsu wird das Zen-Shiatsu auf dem Trockenen durchgeführt. Durch Dehnungen werden Blockaden der Meridiane gelöst. Dabei bleibt die „Mutterhand“ immer an einer Stelle, mit der anderen Hand wird gearbeitet. Die „Mutterhand“ fördert das Vertrauen und den Prozess des Loslassens.

Diese Körperarbeit, die in etwa 35 Grad warmem Wasser durchgeführt wird, verbindet Elemente aus Massage, Gelenkmobilisation, Shiatsu sowie Meridian- und Muskeldehnungen. Der Watsu-Empfangende ruht dabei sicher auf den Händen des Watsu-Gebenden. Der Kopf liegt in einer Armbeuge des Therapeuten, der seinen Klienten zusätzlich am Becken oder in der Kniebeuge stützt. Der so vom Eigengewicht befreite Körper kann optimal im warmen Wasser bewegt werden. Wer auf diese Weise durchs Wasser getragen und dabei liebevoll und sanft gedehnt und zusätzlich massiert wird, verliert bald jegliches Zeitgefühl und überlässt sich erleichtert und wohlig dem Gefühl von tiefer Ruhe und absoluter Geborgenheit.

Lassen Sie sich bei Ihrem nächsten Besuch in einem Thermalbad von jemandem, dem Sie vertrauen, im Wasser „wiegen“. Das entspannt und löst Blockaden!

Ohne Worte kommt es zwischen dem Watsu-Gebenden und dem Watsu-Empfangenden zu einer intensiven körperlichen und seelischen Nähe, die bei dem Empfangenden tiefe Gefühle freisetzen kann. Harold Dull drückt es so aus: „Wenn der

1 Bei der so genannten „Herz-Wiege“ ruht die Hand des Therapeuten in der Herzgegend des Klienten.

2 Wirbelsäulenbeschwerden lassen sich mithilfe von Watsu lindern oder vollständig heilen.

1

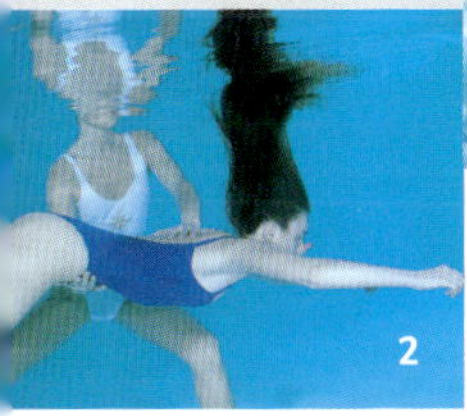
2

Empfangende erst einmal gemerkt hat, dass die Unterstützung ständig da ist, und sich Vertrauen aufgebaut hat, entwickelt sich eine machtvolle Bindung, die an die von Mutter und Kind erinnert oder an die zwischen Liebenden – sie ist jedoch frei von jeglicher emotionalen Abhängigkeit.“

„Im Wasser findet der Körper die Freiheit wieder, die die Seele verloren hat. Watsu ist das fortwährende Erforschen unserer Freiheit.“ *Harold Dull*

Das ist auch durch das Watsu-Prinzip gewährleistet: Es respektiert die Privatsphäre des Empfangenden. Er soll nicht manipuliert, sondern einfach nur wahrgenommen werden – gehalten, gestützt und getragen, wohin er sich auch bewegt. Dieses Erlebnis des absichtslosen Getragenwerdens bewirkt eine besonders tiefe Entspannung und führt zu einem freien Fließen der Lebensenergie.

Ein Watsu-Empfangender beschrieb seine angenehmen Empfindungen so: „Man fühlt sich wie in den Mutterleib zurückversetzt. Es ist ein Gefühl der Freiheit und absoluten Sicherheit. Zeit und Raum werden bedeutungslos.“ Da Watsu mit keiner körperlichen Anstrengung verbunden, sondern sanfter und spielerischer Natur ist, eignet es sich auch für Kinder, ältere Menschen und Schwangere.

Wellness – *Zeichen einer neuen Ära*

Gibt es etwas in Ihrem Leben, was Sie gern tun würden, sich aber nie zugestanden haben? Tun Sie es, und Sie werden sehen, dass Ihr Lebensfreude-Barometer rapide steigt. Wenn Sie sich einen Herzenswunsch erfüllen, machen Sie sich und andere glücklich und erleben Wellness pur!

Ob Ayurveda-Behandlungen, Aromatherapie, Body-Workouts, Massagen, Diäten oder eine gesunde Ernährung – im Zeitalter des Gesundheitsbewusstseins lassen sich all diese Begriffe unter dem magischen Wort „Wellness" subsumieren.

Zwar gibt es neben altgedienten Fitnessmethoden wie Wandern und Bergsteigen auch viel Exotisches im Bereich der Wellness, doch eigentlich handelt es sich um etwas Altbekanntes in einer neuen, polyglotteren Aufmachung. Thermalbäder hatten nämlich bereits im 19. Jahrhundert in ganz Europa Hochkonjunktur. Auch damals pilgerte – wer es sich leisten konnte – in die seinerzeit recht mondänen Gesundheitshochburgen. Sicher konnten diese Anlagen nicht die gleichen Superlative wie die heutigen Wellness-Tempel aufweisen, in denen Sauna, Dampfbad, Whirlpool, Unterwasser-Sound-&-Lighteffekte, Massagen aller Art und Schönheitspflege nach den neuesten Erkenntnissen eine Selbstverständlichkeit sind. Doch damals wie heute dienten die Thermalanlagen der Gesundheitsvorsorge und der Rekonvaleszenz.

Rainer Maria Rilke war schon damals seiner Zeit voraus. Er ließ es sich auch ganz im Sinne moderner Wellness im eleganten Thermalbad von Bad Ragaz im Schweizer Kanton Graubünden gut gehen, wo auch Kaiser und Könige sich gesund badeten. Mit den Worten „Hier sein ist herrlich!", drückte Rilke sein körperliches und seelisches Wohlbefinden aus.

Was sich allerdings geändert hat und als Merkmal des modernen Wellness-Trends gelten kann, sind das ausgeprägte Gesundheitsbewusstsein und der Sinn für Lebensqualität. Gesunde Ernährung, körperliche Fitness, gutes Aussehen und die Harmonie von Körper, Geist und Seele sind die Schwerpunkte aller Wellness-Programme, die inzwischen zum Standardangebot vieler Hotels gehören. Dabei werden sowohl preisgünstige Wochenenden als auch länger dauernde Kuren angeboten.

„Der Weise genießt, was ihm die Sinne vermitteln, wenn es dem Leben nützt; er lässt davon ab, wenn es dem Leben schadet.“
Chinesische Weisheit

1

2

1 Durch Jogging bleibt man physisch und psychisch in Hochform.

2 Wer sich für attraktiv hält, fühlt sich auch gut. Bei einer Gesichtsbehandlung kann man wunderbar abschalten.

3 In schöner Umgebung ist Bewegung im Wasser doppelt entspannend und man stärkt die Muskeln, ohne sie zu belasten.

3

1

Wu Wei – *Ruhe durch Nichthandeln*

Viele Künstler haben die Weisheit des Tao intuitiv erfasst und versucht, sie in ihren Werken auszudrücken. Einer von ihnen war Rainer Maria Rilke, der schrieb: „Man muss nie verzweifeln, wenn einem etwas verloren geht, ein Mensch oder eine Freude oder ein Glück; es kommt alles noch herrlicher wieder. Was abfallen muss, fällt ab; was zu uns gehört, bleibt bei uns, denn es geht alles nach Gesetzen vor sich, die größer als unsere Einsicht sind und mit denen wir nur scheinbar im Widerspruch stehen."

„Man muss dahin kommen, dass man sich in allen Dingen lassen kann, und stets denken, dass ein anderer mehr Recht habe als man selbst, und nicht streiten und zanken, sondern lernen, sich selbst zu lassen, und stille sein und gütig, woher der Wind auch weht."
Johannes Tauler, deutscher Mystiker

Das Prinzip des Wu Wei stammt aus dem Taoismus und heißt wörtlich übersetzt „Nichtstun" oder „Nichthandeln". Wer im taoistischen Sinn klug ist und ein sinnvolles Dasein führen möchte, lebt nach dem Prinzip des Wu Wei: Er zwingt die Dinge nicht, lauscht in sein Innerstes, lässt sich zu nichts drängen, unterwirft sich nicht zwanghaft der Diktatur des Intellekts, sondern hört auch auf die Weisheit seiner Gefühle. Ein solcher Mensch lebt in dem Wissen, in etwas Größerem geborgen zu sein, das in christlich geprägten Kulturen als „Gott" bezeichnet und im Taoismus „Tao" genannt wird.

Das Wu Wei ist keine Lehre im eigentlichen Sinn, sondern eine Lebenseinstellung, die darauf abzielt, alles loszulassen, was für uns nicht wirklich notwendig ist, und darauf zu vertrauen, dass wir, wenn wir erst einmal innehalten und uns nicht in blindem Aktionismus verausgaben, genau das bekommen, was für uns gut ist. Gut im Sinn unserer inneren Entwicklung. Denn wer ständig damit beschäftigt ist, seinen materiellen Besitz zu vergrößern oder sich in schwierigen zwischenmenschlichen Beziehungen aufreibt, verliert kostbare Lebensenergie. Das taoistische Nichthandeln bedeutet natürlich nicht, dass man träge ist und überhaupt nichts mehr tut. Man soll nur zur rechten Zeit und aus absoluter innerer Ruhe heraus handeln – eine große Herausforderung für leistungsorientierte westliche Menschen!

Die in Japan praktizierte Kunst des ⇢ **Bogenschießens** veranschaulicht die Haltung des Wu Wei. Solange der Bogenschütze Erfolg haben will und unbedingt in das Zentrum der Zielscheibe treffen will, gelingt dies nicht. Erst wenn er völlig loslässt und sein ehrgeiziges Vorhaben vergisst, löst sich der Pfeil wie von selbst und erreicht ganz selbstverständlich sein Ziel. Vertrauen wir uns diesen Gesetzen an, haben wir den Pfad des Nichthandelns betreten und können vielleicht ganz neue, aufschlussreiche Erfahrungen machen.

⇢ **Bogenschießen**
Zeremonielles Bogenschießen wurde in Japan schon im 8. Jh. von den Samurai bei besonderen Anlässen demonstriert. Beim Kyudo (kyu – Bogen; do – Weg) lernt man, dass man nicht mit Willen und Ehrgeiz Erfolg hat, sondern durch Gelassenheit, Konzentration und unermüdliches Üben. Durch die Konzentration beim Bogenschießen entspannen sich sowohl Körper als auch Geist.

2

1 Laotse – der „alte Weise" Asiens

2 Kyudo-Bogenschießen in der Provinz Kyushu, Japan

3 Innehalten, mit sich im Reinen sein – der ruhige See ist ein Symbol dafür.

3

Yin und Yang – *die Pole des Lebens*

Überall im Universum findet man das Prinzip der Polarität: das Männliche und das Weibliche, Bewegung und Stillstand, Wärme und Kälte, Helligkeit und Dunkelheit, Berg und Tal, Nord- und Südpol. Diese Manifestation zweier entgegengesetzter Kräfte beherrscht das Universum und wirkt auch im Menschen.

Yin und Yang
„Yin" bedeutet „wolkig, bedeckt". Die ursprüngliche Übersetzung von „Yang" lautet: „Banner, die in der Sonne wehen".

Die chinesischen Taoisten bezeichneten diese Kräfte als **Yin und Yang.** Yang ist das aktive, Impulse gebende, dynamische Prinzip und wird als männliche Energie bezeichnet. Yin verkörpert die passive, nach innen gerichtete Energie und gilt als weiblich. Befinden sich beide Prinzipien im Gleichgewicht, können die Energien ungehindert fließen, was zu Harmonie und Glück führt.

Die zeitlose Weisheit des Yin und Yang drückt auch das Sprichwort „Gegensätze ziehen sich an"

1 Yin und Yang bestimmt alle Aspekte des Lebens – natürlich auch die Liebe.

2 Das Symbol von Yin und Yang: Die beiden Pole greifen ineinander und ergeben ein Ganzes.

aus. Die unterschiedlichen Energien dieser Gegensätze sollten jedoch nicht dazu verwendet werden, sich zu bekämpfen, sondern sich zu ergänzen, damit etwas Neues entstehen kann. So vereinigen sich beim Zeugen eines Kindes Yin- und Yang-Energien auf schöpferische Weise. Dasselbe gilt auch für die künstlerische Arbeit. Dichter oder Maler, die sich einer Inspiration öffnen, entsprechen dem Yin-Prinzip – sie sind in einem empfänglichen Zustand. Malen sie dann ein Bild oder bringen sie ein Gedicht zu Papier, haben sie die Yang-Energie aktiviert und einen schöpferischen Prozess vollbracht.

Wenn Sie ein Yin-Typ sind: Essen Sie täglich zwei warme Mahlzeiten – Ihr Organismus braucht das. Yang-Typen sollten auf hochprozentigen Alkohol verzichten – er heizt ihr System zu stark an!

Auch im ⇢ **I Ging,** einem altchinesischen Orakelbuch, ist die Polarität von Yin und Yang enthalten. Die gebrochenen Linien der Hexagramme stehen für das passive, die durchgezogenen Linien für das aktive Prinzip. Die beiden Prinzipien werden nicht als unvereinbare Gegensätze verstanden, sondern als voneinander abhängige Pole – durch die Existenz des einen ist erst die des anderen möglich.

⇢ **I-Ging**
Das „I-Ging" – auch „Buch der Wandlungen" genannt – gehört zu den ältesten Büchern der Welt und hat großen Einfluss auf die chinesische Welt. Es besteht aus 64 Hexagrammen, erhielt während der Chou-Dynastie (1150–249 v. Chr.) seine endgültige Form und wird seither zum Weissagen benutzt. Das Orakel wird mithilfe von Schafgarbenstängeln oder Münzen befragt.

In der traditionellen chinesischen Medizin (TCM) werden die Menschen in Yin- und Yang-Konstitutionstypen eingeteilt. Entsprechend dieser Typen wurde die „Tao-Diät" entwickelt. So benötigt ein Yin-Typ, der weniger Energie und Hitze im Körper hat, andere Speisen und Getränke als ein feuriger Yang-Typ. Fisch gilt in der Tao-Diät als energetisch warm und heizt Yin-Typen von innen her an, genauso wie Ingwer, Chili und Paprika. Der hitzige Yang-Typ braucht eher Kühlendes, wie Milch, Quark, Yoghurt, Reis, Fruchtsäfte, aber auch Bier und Weißwein.

Yoga – *Indiens großes Erbe*

Die Lehre kommt aus Indien und ist viele Tausend Jahre alt: Yoga hat die Vervollkommnung des Menschen zum Ziel und verhilft zu tiefer Entspannung und innerer Ruhe. Das Wort enthält den Wortstamm „yug", was „Verbindung" oder „Selbstmeisterung" (und sogar „Joch") bedeutet. Darunter versteht man die bewusste innere Verbindung mit dem eigenen göttlichen Seelenkern.

In den letzten Jahrzehnten hat Indiens Erbe im Westen immer mehr Anhänger gefunden. Bei uns wird Yoga durch mehr oder weniger komplizierte Übungen – so genannte ⇢ **Asanas** – praktiziert, die den Körper geschmeidig und gesund erhalten sollen. Doch diese Art des Yoga – genannt Hatha-Yoga – ist nur der primär körperlich orientierte Teil eines komplexen philosophischen Systems, das in den jahrtausendealten ⇢ **Veden** wurzelt.

Neben dem Hatha-Yoga gibt es noch vier weitere traditionelle Wege: Jnana-Yoga – der Weg der Erkenntnis; Bhakti-Yoga – der Weg der Hingabe; Raja-Yoga – der Weg der Innenschau und Konzentration; sowie Karma-Yoga – der Weg der Tat.

Will man seine geistige Entwicklung vorantreiben, kann man einem dieser Wege folgen. Sucht man jedoch eine Methode, mit der man eine körperliche Entspannung erreicht, die gleichzeitig auch geistig fit hält, ist der Hatha-Yoga geeignet. Durch einen ausgewogenen Wechsel von Dehnung und Entspannung werden Wirbelsäule und sämtliche Organe aktiviert. Die Asanas werden mit Pranayama – das sind gezielte Atemübungen – kombiniert, die den Körper reinigen und entgiften.

⇢ **Asanas**
sind Stellungen, durch die nach dem Hatha-Yoga die dem Körper innewohnenden gegensätzlichen Kräfte in Harmonie gebracht werden.

⇢ **Veden**
Die Veden sind eine mehr als 5000 Jahre alte spirituelle Hymnensammlung und gelten als Vorläufer des Hinduismus. Aus der vedischen Lehre sind die verschiedenen Yogasysteme hervorgegangen.

Ein klassisches Entspannungs-Asana ist die Totenstellung: Legen Sie sich auf den Rücken, Beine schulterbreit auseinander, Arme neben dem Körper. Handflächen zeigen nach oben. Schließen Sie die Augen und lassen Sie sich immer tiefer in den Boden sinken, dabei gleichmäßig und tief atmen. Bald werden Sie Ruhe und Frieden fühlen. Diese Übung kann bis zu zwanzig Minuten praktiziert werden. Zum Abschluss sanft dehnen und strecken.

1 Yoga-Übungen kann man gut im Freien machen – das ist ideal für die Atemübungen.

2 Ein Saddhu im Lotussitz in tiefer Meditation. Wenn der Körper völlig entspannt ist, kann sich auch der Geist entfalten.

3 Bei dieser Hatha-Yoga-Stellung wird das Gehirn gut durchblutet und das Gleichgewicht geschult.

1

2

3

1

Zen – *„wenn du sitzt, dann sitze …“*

Ein Schüler bat den Zen-Meister Chao-chou, ihm den Weg zur Erleuchtung zu zeigen. Der Meister fragte: „Hast du gefrühstückt?“ Der Schüler bejahte es. Chao-chou antwortete: „Dann geh und wasch die Essschale aus!“ Diese Szene zeigt, worum es beim Zen-Weg geht – um das bewusste Handeln im Hier und Jetzt.

„Der Weg – der ist in einem selber. Sitzt man ruhig fort, so wird er offenbar werden.“
Zen-Meister Okada

Zen ist keine Religion und hat nichts mit Dogma oder Glauben zu tun. Zen ist vielmehr eine bestimmte Geisteshaltung, durch die „Satori“ – Erleuchtung – erlangt werden kann. Diese geschieht aber nur dann, wenn man sie nicht erwartet und alle Gedanken loslässt – insbesondere die Vorstellung, was genau Erleuchtung ist. Doch auch, wenn man diesen Zustand nicht erzwingen kann, darf man ihn zumindest „einladen“.

Im 6. Jahrhundert brachte der Gelehrte Bodhidharma seine Philosophie von Indien nach China. Von dort aus gelangte sie im 13. Jahrhundert, vom Taoismus beeinflusst, nach Japan, wo sie sich zum Zen-Buddhismus entwickelte. Der Weg zur Erleuchtung ist hart: In einem Zen-Kloster sucht man sie in stundenlangen Zazen (Sitzmeditationen), Gehmeditationen, Atemübungen, Schweigen, in manchen Schulen auch in Lösungsversuchen von Koans (paradoxen Rätseln), Arbeiten in Haus und Garten sowie durch persönliche Aussprachen (Dokusan) mit dem Meister.

Soto-Zen
Suzuki Daisetsu (1870–1966) – der als eigentlicher Pionier der Verständigung zwischen Ost und West bezeichnet werden kann – betrachtete das Soto-Zen, bei dem vorwiegend Zazen praktiziert werden als kontemplativen Aspekt des Zen. Dem steht das Rinzai-Zen gegenüber, bei dem die Meditation über ein Koan von zentraler Bedeutung ist.

Der Japan-Experte Karlfried Graf Dürckheim, der bei einem Zen-Meister in Japan gelebt hatte und von ihm geschult worden war, definiert Zen so: „Es lehrt jenseits jedes Dogmas das Schmecken des göttlichen Seins im weltlichen Dasein.“ Diese Erfahrung des göttlichen Seins kann bei höchst profanen Verrichtungen gemacht werden – wie beim Waschen einer Essschale – aber auch durch eine jahrelange Schulung angestrebt werden.

Der Geist des Zen spiegelt sich auch in den japanischen Künsten wider. Kalligraphie, Bogenschießen, No-Theater, Dichtkunst, Teezermonie und Schwertkunst sind nur einige Beispiele dafür.

Außer Graf Dürckheim hat der Jesuit und Zen-Meister Hugo M. Enomiya-Lassalle eine große Rolle bei der Integration des Zen in Europa gespielt. Im Jahr 1968 begann er in Deutschland Zen zu lehren und schlug damit die Brücke zwischen christlicher Mystik und östlicher Meditation. Zazen wird heute auch in manchen christlichen Klöstern praktiziert. Ob die Übenden dabei von den Worten des berühmten Meisters des ··· **Soto-Zen,** Dogen (1200–53), inspiriert werden, der empfahl „Denke an Nicht-Denken …, indem du jenseits von Denken und Nicht-Denken denkst", oder von jenen des christlichen Mystikers Meister Eckhart: „Ich will sitzen und schweigen und hören, was Gott in mir rede", ist dabei nebensächlich, denn das Grundmotto des Zen lautet: „Der Weg ist das Ziel."

2

3

1 „Jaku" – das japanische Schriftzeichen für Stille

2 Mönche während einer Zen-Meditation im Eiheiji-Kloster in Japan

3 Der Sand wurde kunstvoll mit einer Harke gestaltet. Teilansicht eines Zen-Steingartens

Register

Seitenzahlen in *kursiver* Schrift weisen auf Bildunterschriften hin.

Bildnachweis
Folgende Abkürzungen wurden verwendet: AKG = Archiv für Kunst und Geschichte, Berlin; argus = argus-Fotoarchiv, Hamburg; jump = jump, Hamburg; S = Silvestris Fotoservice, Kastl; Tony Stone = Tony Stone Images, München

AKG: S. 4/4; S. 9; S. 21/1; S. 30/2, 3; S. 35/2; S. 46; S. 55/1; S. 56/1; S. 58; S. 66/1; S. 67/2; S. 83/1; S. 87/3; S. 88; S. 112/1,2,3; S. 117/1; S. 119/1,3; S. 121/3; S. 122/2; S. 142/1; S. 147/3; S. 158/2; S. 167/2; S. 170/2; S. 175/2 **AKG/E. Lessing:** S. 69/3; S. 83/2; S. 105/2; S. 106 **AKG/G. Mermet:** S. 53/2; S. 150/1; S. 151/2 **AKG/J. Schilgen:** S. 59/2 **argus/K. Andrews:** S. 79/1 **argus/P. Frischmuth:** S. 89/1 **argus/F. Hollander:** S. 158/1 **argus/R. Janke:** S. 27/1; S. 181/2 **argus/T. Raupach:** S. 155/2 **argus/M. Schröder:** S. 55/2; S. 62; S. 115/3; S. 127/2; S. 147/2 **argus/H. Schwarzbach:** S. 53/3; S. 155/1; S. 163/1 **Bildarchiv Foto Marburg:** S. 105/1 **J. Bieker, Dortmund:** S. 94/2 **Chen Jumin; Tai-Chi-Lehrer, Salzburg:** S. 163/2 **Kurdirektion Bad Wörishofen:** S. 96/1; S. 97/3,3 **jump:** S. 4/2,7; ; S. 11/1; S. 14/2; S. 27/2; S. 30/1; S. 33/1,2; S. 36/3; S. 39/2; S. 47/2; S. 48/3; S. 61/4 S. 70/2; S. 73/2; S. 90/1,2; S. 107/1; S. 147/1; S. 157/3; S. 181/1; S. 186/1 **jump/A. Falck:** S. 14/1; S. 17/2; S. 20/1; S. 24/1; S. 30/5.; S. 34/1; S. 45/3; S. 52/1; S. 69/1,2; S. 75/2,3; S. 119/2; S. 136/1; S. 170/1 **jump/L. Lenz:** S. 31/7; **jump/C. Perret:** S. 97/2 **jump/M. Sandkühler:** S. 4/1,6; S. 36/1; S. 73/1; S. 137/3; S. 149/1; S. 186/3 **jump/K. Vey:** S. 4/3,5; S. 11/2; S. 12/4; S. 17/1; S. 31/6; S. 36/2; S. 40/1,2; S. 43/1,2; S. 59/1; S. 79/2; S. 117/2; S. 122/1; S. 134; S. 137/2; S. 139/1,2; S. 140/1,2; S. 149/2; S. 157/1,2; S. 167/1; S. 173/1,2; S. 181/3 **Lotos-Film, Kaufbeuren/E. Thiem:** S. 186/2 **K.U. Müller,Berlin:** S. 81/2; S. 169/2 **Ostkreuz, Berlin/J. Schlösser:** S. 103/2 **RCS Libri SpA Fabbri Editori, Mailand:** S. 7; S. 30/4; S. 74/1; S. 80; S. 87/2; S.92/1; S. 98/2; S. 108/1; S. 109/2; S. 110/1; S. 115/2; S. 120/1; S. 161/3; S. 169/1; S. 181/1 **M. Reimer, München:** S. 21/2; S. 50/3; S. 57/2; S. 79/2; S. 125/2; S. 165/1 **N. Reinhard, Heiligkreuzsteinach:** S. 153/1 **Reinhard-Tierfoto, Heiligkreuzsteinach:** S. 28/29; S. 29/2; S. 35/3; S. 45/2; S. 111/3 **U. Romeis, Dortmund:** S. 24/2; S. 89/2; S. 101/1; S.125/3; S. 133/2 **S/S. Bruno:** S. 20/2; **S/D. Bühler:** S. 109/3 **S/M. Danegger:** S. 50/2 **S/L. Drechsel:** S. 29/3; **S/H. Fosse:** S. 70/1 **S/Geiersperger:** S. 105/3 **S/Gross:** S. 50/1 **S/Hackenberg:** S. 183/2 **S/Heine:** S. 189/2 **S/Heitmann:** S. 81/2 **S/H. Kehrer:** S. 23; S. 94/1; S. 98/1 **S/S. Kerscher:** S. 12/3; S. 86; S. 121/2; S. 143/2; S. 184/1 **S/H. Lange:** S. 124/1 **S/New Photo:** S. 174/1 **S/D. Nill:** S. 131/2 **S/P. Norbert:** S. 151/3 **S/Schneider+Will:** S. 131/1 **S/S. Stadler:** S. 29/1; **S/Sunset:** S. 61/3 **S/K. Wolfgang:** S. 67 **F. Späth, Riemerling:** S. 84 **Stadtarchiv Starnberg/Bestand Foto Wörsching:** S. 101/2 **Tony Stone/B. Bailey:** S. 177; **Tony Stone/M. Barraud:** S. 13/1; **Tony Stone/G. Bernard:** S. 127/1; S. 153/2 **Tony Stone/P. Samuels:** S. 189/3 **Tony Stone/A. Thornton:** S. 184/2 **I. Wandmacher, Hamburg:** S. 133/1 **E. Wrba, Sulzbach a.T.:** S. 12/2; S. 16; S. 19; S. 47/1; S. 103/1; S. 107/2; S. 111/2; S. 161/2; S. 183/3

Wir danken folgenden Personen und Institutionen für die freundliche Überlassung von Bildmaterial: **Europ. Rolfing Assoc., München** (S. 145/1,2) **Inst. f. Bachblütentherapie/M. Scheffer, Hamburg** (S. 44/1) **Inst. f. Aquatische Körperarbeit (IAKA), Freiburg** (S. 179/1,2) **P. Paruschke/nlpK, Bruckmühl** (S. 93/2,3) **V. Patzelt/Akad. f. Kommunikation, München** (S. 128/2) **I. Rudolf/Praxis f. Körperbewusstsein, Haundorf** (S. 79/3) **U. Sollmann/Dt. Verband f. Bioenerg. Analyse (DVBA), Bochum** (S. 48/1,2)